ERNST HAUSNER · SALZBURG

ERNST HAUSNER · SALZBURG

SALZBURG

ERNST HAUSNER

EDITION HAUSNER · WIEN

Dieses Werk über Salzburg
ist der sechste Band in einer Reihe von Büchern
über die österreichischen Bundesländer.
Die Veröffentlichung dieser Arbeiten wird von IBM Österreich unterstützt.
Der Text zu diesem Werk wurde mit IBM Computern erfaßt, Text und Bild
mit diesen in stellungsrichtige Einzelseiten druckreif umbrochen.

IBM

Desktop-Publishing Oliver Hausner.

Neben der Erstellung von Text und Bild erfolgten auch
Entwurf, Einrichtung und graphische Gestaltung sowie die
Betreuung der technischen Herstellung durch den Autor.

Reproduktion: Grafo Digitale Satz- & Reprotechnik, Wien
Druck: Samson Druck Ges.m.b.H., St. Margarethen im Lungau
Bindung: Papyrus Buchbinderei Ges.m.b.H., Wien
Schrift: Bauer Bodoni in den Graden 11 und 9 Punkt
Papier: Magno Pearl 150gr/m² made by Sappi.

© Copyright 2001
by Ing. Ernst Hausner
Edition Hausner, Naglergasse 27, 1010 Wien.
Alle Rechte vorbehalten.

Alle Rechte, auch die des auszugsweisen Abdrucks oder der Reproduktion
von einzelnen Abbildungen, besonders die der Mikroverfilmung,
der Einspeicherung, Verarbeitung und Verwertung in elektronischen Systemen,
und die jeder Art der Vervielfältigung und Übersetzung sind vorbehalten.
Das Werk als Gesamtheit und alle seine Teile sind urheberrechtlich geschützt.
Verwertungen jeglicher Art bedürfen der schriftlichen Zustimmung
des Verlags und des Autors.

ISBN 3-901141-21-9

Dieses Buch ist auch in einer englischen Ausgabe
ISBN 3-901141-22-7
erschienen.

Printed in Austria.

INHALT

GESCHICHTE
7
FLACHGAU
17
TENNENGAU
47

 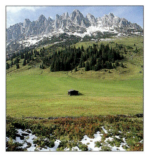 

PINZGAU
77
PONGAU
107
LUNGAU
137

STADT SALZBURG
167
INFORMATIONEN
197
HINWEISE
215

Marcus Secznagel: Salzburg. In Abraham Ortelius, „Theatrum Orbis Terrarum". Kupferstich, westorientiert, Antwerpen 1570.

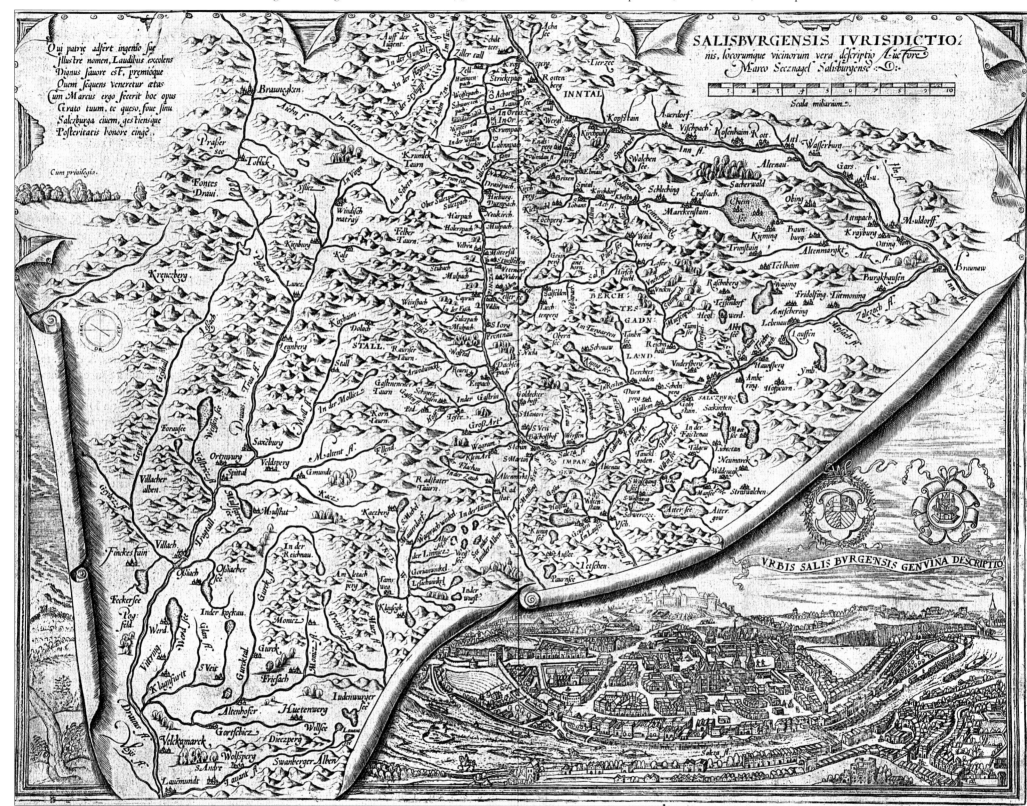

Marcus Secznagel, 1525 in Salzburg geboren, war Mitglied des Äußeren Rats der Stadt. Seine Karte des Erzbistums, ein Holzschnitt, entstand 1551 bei Hans Baumann, dem ersten Drucker Salzburgs. Sie ist im Original nicht erhalten, wohl aber in Bearbeitungen von Ortelius und anderen Kartographen (z.B. Mercator). Die älteste dieser Bearbeitungen ist 1570 im „Theatrum Orbis Terrarum" des Abraham Ortelius erschienen. In dieser Form wurde die Karte von Ortelius in etlichen folgenden Ausgaben seines Kartenwerks veröffentlicht (die Stadtansicht ab 1595 weggelassen). Das Territorium reicht von Braunau bis zu den Karawanken, vom Zillertal bis zum Lavanttal, und enthält so auch jene Gebiete des Erzbistums, die in den benachbarten Ländern lagen. Das Gebiet Salzburgs entsprach um die Mitte des 16. Jh.s etwa dem des heutigen Bundeslands, vermehrt um den Rupertiwinkel, das Zillertal und Itter in Tirol sowie Matrei in Osttirol. Die abgebildete Karte ist eine Ausgabe des Jahres 1591. Salzburger Museum Carolino Augusteum.

GESCHICHTE

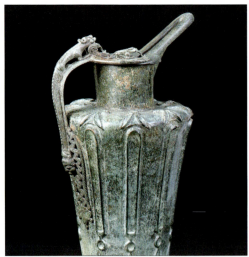

Schnabelkanne aus Bronze, 400–380 v. Chr., aus einem keltischen Fürstengrab am Dürrnberg bei Hallein, Zentrum des keltischen Salzbergbaus und Salzhandels. Salzb. Museum Carolino Augusteum.

Vorgeschichtliches menschliches Leben auf österreichischem Boden wird für die Eiszeit (sie währte, mit wärmeren Zwischenzeiten, ca. 700.000 Jahre) angenommen: sie endete ca. 14.000 Jahre vor unserer Zeitrechnung. In der Steinzeit, Paläolithikum (Altsteinzeit), dem ältesten Abschnitt der Menschheitsgeschichte, in Österreich um 300.000–8000 v. Chr., lebten Menschen ohne festen Wohnsitz im eisfreien Gebiet Alpenvorland, Donautal („Venus von Willendorf") und dem Land nördlich der Donau. Auf Salzburger Boden wurde ihre Existenz bisher durch Funde am Schlenken (Durchgangshöhle, etwa 66.000 Jahre alt) und am Oberrainerkogel bei Unken nachgewiesen. In der Mittelsteinzeit (Mesolithikum, bis 5000 v. Chr.) drangen noch nicht seßhafte Menschen langsam in die jetzt eisfrei werdenden Zonen des Gebirges vor. Das Salzburger Gebiet bot als ein überwiegend von Gebirgen bedecktes Land nur in den Flußtälern,

Portrait einer Frau in heimischer, norischer Tracht. Reliefplatte. Bruchstück eines Grabsteins aus Marmor, eingemauert an der Außenwand des Chors der Filialkirche Kirchberg bei Eugendorf.

im Salzburger Becken und nördlich davon siedlungsfreundlichen Raum. In der Jüngeren Steinzeit (Neolithikum, bis 1.900 v. Chr.) entstanden feste Wohnsitze meist als Höhensiedlungen auf Terrassen und Inselbergen wie z.B. am Rainberg in Salzburg, Schloßberg in Mattsee, Hellbrunner Berg, Dürrnberg bei Hallein und am Götschenberg bei Bischofshofen. Die geographische Situierung, Klima und Bodenschätze, Salz, Kupfer, Gold und Eisen, gaben schon in vorgeschichtlicher Zeit diesem Siedlungsraum große Bedeutung. In der Bronze- und Urnenfelderzeit (bis 750 v. Chr.) wurde das Land zum größten Kupferproduzenten der Ostalpen (Bischofshofen-Mühlbach) und war neben dem Salzburger Becken auch in den Talweitungen des Pongaus und Pinzgaus schon dicht besiedelt. In der Hallstattzeit (bis 450 v. Chr.) begann der bergmännische Untertag-Abbau von Salz am Dürrnberg, der in der La-Tène-Zeit (bis Chr. Geb.) von den in weite Teile Europas eingewanderten Kelten nun industriell betrieben wurde und das ältere Hallstatt übertraf (auch Goldgewinnung in den Tauern). In dieser Zeit beginnt die eigentliche Frühgeschichte Salzburgs.

Das Gebiet Salzburgs bildete einen Teil des keltischen Königreichs Noricum – im Bereich zwischen Inn, Neusiedler See, Donau und Drau – das durch verschiedenste Beziehungen und Handel (norisches Eisen) über Aquileia mit dem Römischen Reich verbunden war. Die norische, keltische Bevölkerung war schon „romanisiert", als Noricum 15 v. Chr. in das römische Imperium einbezogen wurde. Mit der Besetzung des Alpenraumes und des Vorlandes bis zur Donau begann auf Salzburger Gebiet die fast 500 Jahre dauernde Herrschaft der Römer. Die ca. 15 n. Chr. entstandene Siedlung Iuvavum erhielt etwa 45 n. Chr. das Stadtrecht (municipium Iuvavum, Kaiser Claudius), nahm etwa die Fläche der heutigen Altstadt Salzburgs ein und verwaltete einen Stadtbezirk in der von Claudius eingerichteten Provinz Noricum, der größer als das heutige Bundesland war. Iuvavum wurde ein Knotenpunkt im römischen Straßennetz, die zahlreichen im Flachland errichteten römischen Gutshöfe (villae rusticae, Loig) bezeugen eine glückliche Entwicklung der Provinz im 1. und 2. Jh. (Pax Romana). Iuvavum, ohne Garnison und Befestigung, wurde im Markomannenkrieg 171 zerstört und nur langsam wieder aufgebaut. Das Römische Reich sah sich an seiner Nordgrenze (Limes) durch Einfälle germanischer Stämme immer öfter und gefährlicher bedroht, eine Staatsreform Kaiser Diokletians (Ende des 3. Jh.s, Noricum ripense) konnte den Niedergang nicht aufhalten. Ende des 4. Jh.s waren durch Abwanderung der romanischen Oberschicht schon viele Gutshöfe aufgegeben, Iuvavum im 5. Jh. großteils verödet. Das Wirken des hl. Severin in der Provinz, auch in Cucullae und Iuvavum, für das in seiner Lebensbeschreibung eine Kirche, ein Kloster und Mönche als erstes Zeugnis spätantiken Christentums erwähnt werden, verhinderte nur kurz den Zusammenbruch Noricums. König Odoaker, der den letzten römischen Kaiser gestürzt hatte, gab 488 den Befehl zum Abzug der römischen Bevölkerung, meist blieb nur das arme keltoromanische Landvolk zurück.

In der zweiten Hälfte des 6. Jh.s besiedelten die Bayern das österreichische Alpenvorland (bayrische Land-

„Tabula Peutingeriana", Kopie (11./12. Jh.) einer Straßenkarte des römischen Imperiums, 4. Jh. Ivavo (Salzburg, links), Cuculle (Kuchl, Mitte), Ani (bei Altenmarkt, rechts). Nationalbibliothek, Wien.

„Verbrüderungsbuch" von St. Peter, jüngerer Teil, angelegt 1004. Der ältere Teil, (784, Virgil), enthält ca. 8000 Einträge von Personen (ältest. Agilolfinger-Stammbaum, älteste Salzb. Bischofsreihe). St. Peter.

Brief Papst Leos III. an Karl d. Gr. (Errichtung der Kirchenprovinz Bayern, Erhebung Arns v. Salzburg zum Erzbischof). Pergament-Rotulus. Abschrift von 4 Briefen, 870/77. Haus-, Hof- u. Staatsarchiv.

nahme), auf Salzburger Boden den Flachgau und das Saalfeldner Becken; im Lungau und in Pongauer Nebentälern ließen sich Alpenslawen nieder. Erst in den folgenden Jahrhunderten wurden auch das südliche Salzburger Becken, der Pongau, Pinzgau und Lungau (10. Jh.) bayrisch besiedelt. Die selbständigen Stammesherzoge der Bayern gerieten in fränkische Abhängigkeit, die Agilolfinger blieben jedoch das herrschende Geschlecht. Der fränkische Missionar Rupert (Hrodbertus), Bischof von Worms, 696/700 zuerst am Wallersee, danach in Iuvavum, sollte im Auftrag des Bayernherzogs Theodo Noricum missionarisch wie wirtschaftlich erschließen. Er bekam dafür große Besitzungen, die auf seine Nachfolger übergingen; u.a. den Großteil der Solequellen Reichenhalls und

„Salzburger Calendar", chronologische und astronomische Sammelhandschrift. Salzburg, um 818. Blatt mit dem ältesten Zyklus von Monatsbildern in der Buchmalerei. Österr. Nationalbibliothek, Wien.

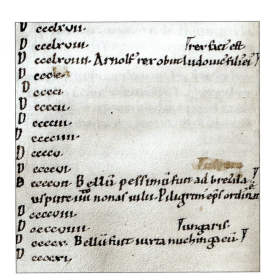

Schlacht bei Preßburg. Tod Erzbischofs Theotmar v. Salzburg (Nachf. Pilgrim I.). Eintragung zum Jahr 907 in der Abschrift der „Annales Iuvavenses maximi", entstanden im 12. Jh. Stiftsarchiv Admont.

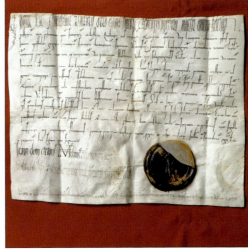

Kaiser Otto III. gewährt am 28. Mai 996 dem Erzbischof Hartwig von Salzburg das Recht für die Errichtung eines täglichen Markts sowie das Maut- und Münzrecht. Haus-, Hof- u. Staatsarchiv, Wien.

Die zwölf Propheten auf einer Seite der „Walther-Bibel" (Abt Walther von Michaelbeuern, 1161–90), Pergamentcodex, um 1130, wahrscheinlich in Salzburg entstanden. Stift Michaelbeuern.

die Reste des römischen Iuvavum. Vom Salzabbau erhielt die Stadt – durch den hl. Bonifatius seit 739 Bischofsitz und in der „Vita s. Bonifatii" um 750 erstmals Salzburg genannt – das Bistum und später das Land seinen Namen. Rupert erneuerte (gründete) das Kloster St. Peter, das älteste im deutschen Sprachraum. Er und seine Nachfolger leiteten die Salzburger Kirche zuerst als Bischöfe und Äbte von St. Peter. In das von ihm gegründete Frauenkloster Nonnberg, heute das älteste nördlich der Alpen, setzte Rupert seine Nichte Ehrentrudis als Äbtissin ein und errichtete als Stützpunkt für die Slawenmission die „Maximilianszelle" in Bischofshofen. Sein Nachfolger, Virgil, zuerst Abt, 749 Bischof, führte die Mission der Slawen in Kärnten (Karantanien) fort. Sie war, vom Bayernherzog Tassilo III. unterstützt, 772 abgeschlossen. Virgils Nachfolger Arno wurde 790 nach Absetzung Herzog Tassilos III. durch König Karl und der Einverleibung Bayerns in das Frankenreich in allem den Bischöfen bis dahin geschenkten Eigentum („Notitia Arnonis") bestätigt, und diesem Besitz die Immunität verliehen. 798 erhob Papst Leo III. auf Wunsch Karls (d. Große, 800 in Rom zum Kaiser gekrönt) Arno zum Erzbischof und Metropoliten der Bayrischen Kirchenprovinz. Salzburg wurde unter Virgil und Arno durch die Werke seiner Schreibschule ein Zentrum europäischer Wissenschaft und Kunst. Missions- und Wirtschaftsstützpunkte wie die Arnsdörfer und Loiben (Wachau) und Traismauer in Niederösterreich, Leibnitz, Deutschlandsberg, Pettau in der Steiermark, Friesach, Althofen und Maria Saal in Kärnten kamen durch Schenkungen König Ludwig des Deutschen (860) und seiner Nachfolger an das Erzbistum. Sie blieben fast alle bis 1803 (1810) als der „auswärtige Besitz" unter seiner Herrschaft. Ein im 9. Jh. in Pannonien (Plattenseegebiet) erschlossenes Missionsfeld, um dessen Behauptung der Salzburger Erzbischof Adalwin die slawischen Missionare Cyrill und Method (Erzbischof Pannoniens) 870 vor dem König angeklagt hatte, ging durch die Niederlage eines bayrischen Heeres gegen die Ungarn in der Schlacht bei Preßburg 907 verloren – sie beendete Landnahme und Missionierung. Die Krönung Stephans von Ungarn zum katholischen König im Jahr 1000, eine Frucht päpstlicher Politik, besiegelte den Verlust der Salzburger Ansprüche. Kirchliche Reformbestrebungen führten 987 zur Trennung des Erzstifts vom Kloster St. Peter, das einen eigenen Abt und Besitz erhielt.

Das Weltverständnis der Zeit ruhte auf der Grundlage des gottgegebenen, heiligen fürstlichen Herrscheramts, auch in Form einer durchaus profan ausgeübten Herrschaft der Kirche („Die zwei Schwerter der Gewalt"). Das Recht auf die Vertretung Gottes in der Welt wurde vom geistlichen und weltlichen Standpunkt unterschiedlich argumentiert und gegenseitig bestritten. Letztlich teilten Kaiser/Könige und Papst in einer Interessengemeinschaft ihren universellen Anspruch in eine geistliche und weltliche Herrschaft unter gegenseitiger Duldung auf (Heinrich IV., 1077, Gang nach Canossa).

Die Salzburger Erzbischöfe, Gebhard (1060–88, Gründer des Eigenbistums Gurk), Eberhard I. (im Schisma auf deutschem Gebiet alleine papsttreu, Ablehnung des kaiserlichen Gegenpapstes, zum päpstlichen Legaten ernannt), Konrad II. v. Babenberg, auf päpstlicher Seite, und zuletzt Adalbert II. (v. Böhmen, Neffe Kaiser Friedrich I., gest. 1200), konnten sich trotz des Aufbaus mächtiger Burgen, z.B. Hohensalzburg, Hohenwerfen und Friesach, gegen die kaiserliche Partei nicht behaupten. Nach dem Ende des „Investiturstreits" durch das Wormser Konkordat (1122, die vom Domkapitel gewählten Bischöfe erhielten die geistlichen Insignien Ring und Stab vom Papst, mußten sich aber vom König mit den weltlichen Hoheitsrechten belehnen lassen) und des „Alexandrinischen Schismas", des jahrzehntelangen Streits zwischen Papst Alexander III. und Kaiser Friedrich I. Barbarossa (das Erzstift war zeitweise unter kaiserlicher Verwaltung und wurde von kaiserlichen Parteigängern 1167 in Brand gesteckt), brachte 1183 eine zweite Berufung des 1174 abgesetzten Adalbert II. zum Erzbischof die Hinwendung zu Kaiser Barbarossa und Befriedung. Ab nun galt das Interesse der Bischöfe und Äbte dem Aufbau eigener Territorien. Der unter Konrad III., dem ersten Salzburger Kardinal-Erzbischof, begonnene Bau des mächtigen romanischen Doms war um 1198 fertiggestellt. Am Dürrnberg bei Hallein wurde die Salzgewinnung mit Abbau unter Tag im neuen „Laugverfahren" vom Erzbischof und vom Kloster St. Peter in erfolgreicher Konkurrenz zu Reichenhall wiederaufgenommen. Das Salz sicherte den Wohlstand des geistlichen Fürstentums bis zu seiner Säkularisation.

Eberhard II. (1200–46) wurde für seine treue Anhängerschaft von Kaiser Friedrich II. von Hohenstaufen fürstlich belohnt. Während seiner langen Herrschaft entstand ein großes, geschlossenes erzbischöfliches Territorium, Vorläufer des späteren „Landes"

Holzrelief aus dem frühen 13. Jh., Türflügel am Westportal der ehemaligen Domkirche Gurk (Kärnten), des 1072 von Erzbischof Gebhard (1060–88) gegründeten ersten „Eigenbistums" Salzburgs.

Salzburg. Er gründete unter Nutzung eines in der katholischen Kirchenorganisation einmaligen Rechts die Eigenbistümer Chiemsee 1216, Seckau in der Steiermark 1218 und Lavant in Kärnten 1225, um Landesbistümer der dortigen Herzoge und der benachbarten Babenberger zu verhindern. Sie waren wie Gurk als solche vom Salzburger Erzbischof abhängig – die Wahl ihrer Bischöfe, die nicht den Rang von Reichsfürsten hatten, ihre Weihe und Investitur stand alleine dem Salzburger Erzbischof zu. Friedrich II. überließ 1220 den geistlichen Reichsfürsten die königlichen Hoheitsrechte (Regalien: Berg-, Münz- und Zollrecht), eine wesentliche Voraussetzung zur Ausbildung autonomer geistlicher Herrschaftsge-

Erzb. Konrad II. v. Salzb., Sohn d. Babenbergers Markgraf Leopold d. Hl., 1166 durch seinen Neffen Kaiser Friedrich Barbarossa in Reichsacht. Babenberger-Stammbaum, 1489–92. Stift Klosterneuburg.

Antiphonar der Abtei St. Peter, Widmungsbild, oben der Bereich der Heiligen mit Petrus, unten der widmende Konvent mit Abt Heinrich I. (1147–67), um 1160. Österreichische Nationalbibliothek, Wien.

biete. Der Bischof bewirtschaftete Teile seiner Güter selbst, ein Teil wurde unter Eigentumsvorbehalt als Lehen an Vasallen (Dienstmannen) oder als Zinsgut gegen Naturalabgaben und Robot an Bauern weitergegeben. Auch Belehnte gaben selbst Lehensteile an Bauern weiter. Bis zur Grundentlastung 1848 („Der Bauer ist frei") hatte fast jedes Stück Land einen Grundherren (und dieser Hintersassen), da es am Ende der Besiedelung Mitte des 14. Jh.s kaum noch „Freie" gab. Im späten Mittelalter wurde aus der persönlichen eine dingliche Abhängigkeit, sodaß in Salzburg Leibeigenschaft im eigentlichen Sinn schon ab dem 15. Jh. nicht mehr bestand. Das Verhältnis von Grundherrschaft und Lehen war Fundament der mittelalterlichen Gesellschaftsordnung. Geschlossener erzbischöflicher Besitz bestand nur im Pongau, östlich bis zum Mandlingpaß erweitert, und im Tennengau. 1228 wurde als Verbindung zum Salzburg gehörenden Zillertal der Ober- und Unterpinzgau erworben, in Kärnten die Herrschaften Gmünd und Windischmatrei, im damals kärntnerischen Lungau die Reichsrechte und das Königsgut (Schenkung Friedrichs II.), der heute bayrische Rupertiwinkel, das Gericht Haunsberg, der Besitz der Grafen von Plain (bei Großgmain), der bis zum Paß Lueg reichte, und das Gasteiner Tal. Mit diesem Land vom Kaiser belehnt, verfügte Eberhard II. über einen mächtigen Grundbesitz, dem der weltliche Adel nichts Adäquates entgegenzusetzen hatte. Der Erzbischof übte, mit kleinen Ausnahmen, auf seinem Gebiet auch die hohe Gerichtsbarkeit aus, eine der Grundlagen der späteren Landeshoheit. Als Parteigänger Friedrichs II. wurde Eberhard, eine allgemein geachtete Persönlichkeit, 1240 vom Papst gebannt und starb sechs Jahre später, exkommuniziert, in Friesach. Obwohl die Erzbischöfe Reichsfürsten waren, galt ihr Territorium als Teil des Herzogtums Bayern und löste sich erst im 14. Jh. von diesem.

Eberhards Nachfolger, der Kärntner Herzogssohn Philipp v. Spanheim, „zum Erzbischof Erwählter" und nicht geweiht, wurde vom Papst abgesetzt, der ihm in Salzburg nachfolgende Bischof von Seckau wurde exkommuniziert und resignierte. Diese und die Verhältnisse im österreichischen und deutschen Interregnum – Tod des Babenbergers Friedrich II. des Streitbaren, 1246, und Kaiser Friedrichs II., 1250, – ergaben 1251 die Wahl des

Ältestes Siegel der Stadt Salzburg auf einer Urkunde aus dem Jahr 1249. Sühnebrief für Abt Richer von St. Peter wegen eines erschlagenen Leibeigenen der Abtei. Erzabtei St. Peter, Archiv.

Thronfolgers von Böhmen Otakar II. Přemysl zum österreichischen Herzog durch die österreichischen und steirischen Stände. Otakar wurde 1265 vom Papst mit dem Schutz des Erzstiftes Salzburg betraut. Sein Neffe, Wladislaus, Herzog von Schlesien, seit diesem Jahr Erzbischof von Salzburg, übertrug 1267 an 27 Laufener Schiffsherren das alleinige Recht Güter, vor allem Salz aus Hallein, zu transportieren. Durch die tatkräftige Hilfe Friedrichs v. Walchen, des ersten in Salzburg geborenen Erzbischofs, für den 1273 zum deutschen König gewählten Rudolf v. Habsburg endete dessen Kampf gegen Otakar 1278 mit dessen Tod auf dem Schlachtfeld bei Dürnkrut in Niederösterreich. So hatte Salzburg großen Anteil an der Begründung des habsburgischen Österreich, das dann von 1280 bis 1918 bestand. Die Vorteile aus der nun folgenden Gunst Rudolfs wurden ab 1284 durch lange Kämpfe der Erzbischöfe gegen die habsburgische Vorherrschaft unter Herzog Albrecht I. aufgewogen. Der Friede von Wien, an dessen Verhandlungen erstmals Adelige und Bürger als Standesvertreter teilnahmen, beendete 1297 diese Auseindersetzungen. Mit der Förderung des habsburgischen Königs war aber die Ausweitung des salzburgischen Territoriums nach Osten und Süden schon vorher zu Ende. Es folgte eine unterschiedlich intensive, noch bis zum Ende des Erzstifts während Affinität zu Österreich, während sich das Verhältnis zu Bayern, mit dem es über das gesamte 14. Jh. immer wieder zum Krieg kam, verschlechterte.

Ludwig von Bayern siegte 1322 im Kampf um die römisch-deutsche Krone in der Schlacht bei Mühldorf über Friedrich den Schönen von Österreich und den mit ihm verbündeten Salzburger Erzbischof Friedrich III. Die hohen Kriegskosten, vor allem durch die Auslösung der gefangenen Ritter, führten zur erstmaligen Einführung einer allgemeinen Steuer, für die der Erzbischof (die geistlichen Fürsten regierten nie unumschränkt) die Einwilligung der Prälaten und des Adels benötigte, damit sie auch von deren Eigenleuten eingehoben werden konnte. 1328 erließ der Erzbischof unter Einfluß des Adels eine erste Salzburger „Landesordnung", ein eigenes Recht manifestierte die definitive Loslösung von Bayern, die um 1350 vollzogen war. Die Ausbildung der Landschaft (Landstände: Prälaten, Adel, Vertreter der Städte und Märkte) schuf neue politische Verhältnisse. In der Bergordnung des Erzbischofs Heinrich v. Pirnbrunn für Gastein und Rauris war 1342 erstmals die Formulierung „Land des Erzstifts Salzburg" enthalten. 1348/49 beendete die Pest die Besiedlung der Gebirgstäler und dezimierte deren Bevölkerung auf ein Viertel – in den Ostalpen fiel ihr ein Drittel der Menschen zum Opfer. In der zweiten Hälfte des 14. Jh.s (Pilgrim II., 1365–96) erhielt die Stadt Salzburg ein in 140 Artikel gefaßtes, aus erzbischöflichen Satzungen und Gewohnheitsrecht gebildetes neues Stadtrecht. Der Erwerb des von Salzburg immer begehrten Fürstentums Berchtesgaden bestand durch das Eingreifen Bayerns nur zehn Jahre.

Die Einverleibung des Erbes der Goldegger führte wegen der nun an den Erzbischof zu zahlenden Weihsteuer 1462/63 zu einem Aufstand der Pongauer Bauern (Goldegg, Golling und Werfen), der eine der frühesten Aktivitäten dieser Art war. Weil der alte Hochadel im 12. und 13. Jh. fast

Domkirche. Taufbecken aus Bronzeguß, aus dem alten Dom, vier romanische Löwen als Sockel, um 1180. Becken mit Reliefs von 16 durch Inschrift bezeichneten Salzburger Bischöfen und Äbten, 1321.

Tympanon des inneren, romanischen Südportals in der Turmhalle der Franziskanerkirche, thronender Christus mit Heiligen und Umschrift, verschiedenfarbiger, zum Teil Adneter Marmor, um 1220.

Erzbischof Wladislaw von Salzburg verleiht angeführten 27 Bürgern von Laufen das Schiffahrtsrecht und knüpft daran Bestimmungen. Urkunde vom 4. Juli 1267. Haus-, Hof- und Staatsarchiv.

„Igelbundurkunde", Bund des Adels und der Bürger der Städte Salzburg, Laufen, Tittmoning, Hallein u. Radstadt zur Erfüllung ihrer Forderungen an den Landesherrn, 20. Mai 1403. Archiv d. Stadt Salzbg.

erloschen war und die Ministerialen als seine Nachfolger von den Erzbischöfen entmachtet wurden, entstand eine sich dem Beamtenstaat nähernde Landesorganisation, z.B. Pflegern, Burggrafen landesfürstlicher Burgen unterstellte Landgerichte, „Pfleggerichte". Anfang des 15. Jh.s stand dem Erzbischof erstmals eine organisierte Vertretung der Landstände gegenüber (1403, „Igelbund"), die ihre Huldigung von der Bestätigung ihrer Freiheiten und der Abschaffung von Beschwernissen (Kriegszüge, Weihsteuer, an Rom abzulieferndes Geld) abhängig machten. Die Landschaft konnte sich aber gegen die Erzbischöfe letztlich nicht durchsetzen.

Neben den inneren Problemen entstand durch die Verbindung zu Ungarn Gefahr. Mit dem ungarischen König Matthias Corvinus gegen Kaiser Friedrich III. verbündet, verlor Salzburg im „Ungarischen Krieg" 1479–90 wichtige auswärtige Besitzungen an die Habsburger, als die Ungarn, nachdem sie fast ganz Österreich und Wien erobert hatten, zum Rückzug gezwungen wurden. Vor allem aber ging die Salzburger Landeshoheit über die steirischen und Kärntner Besitzungen verloren. Ein großer Ratsbrief (Stadtrecht von 1481) Kaiser Friedrichs III. gewährte der Stadt Salzburg in Umgehung des Erzbischofs das Recht der freien Wahl des Stadtrats und des Bürgermeisters und „dieselben Rechte, wie sie andere Reichsstädte besitzen". 1493 erhielt der nun regierende Erzbischof Friedrich V. von Kaiser Maximilian I. einige der Salzburger Gebiete wieder zurück, persönlich verkörperte er aber, von seiner Mätresse beherrscht, am Ende des 15. Jh.s den Tiefpunkt in der Geschichte des Erzbistums.

Ihm folgte Leonhard v. Keutschach (1495–1519), ein tatkräftiger Fürst und Vertreter autokratischer Machtausübung, dem es gelang, durch Strenge die politische, durch Salz- und Goldbergbau die wirtschaftliche Konsolidierung des Landes zu erreichen. Er baute die Festung Hohensalzburg zur Residenz aus und zwang die Stadt mit Gewalt zur Aufgabe ihrer Privilegien. Wie im frühen 13. Jh. für die Saline Hallein, kam es um die Mitte des 16. Jh.s zu einer Blüte des Gold- und Silberbergbaus im Gasteiner- und Rauristal – die Ausbeute war 1566 mit über 800 Kilogramm Gold und 2700 Kilogramm Silber die größte in Europa.

Ab Beginn des 16. Jh.s war das Verhältnis zwischen Herrschaft und Untertanen wegen der drückenden Lasten durch die weltlichen und geistlichen Grundherren und des moralisch wenig beispielhaften Zustands der Kirche allgemein spannungsgeladen – auch weil nach der rasch angenommenen Religionslehre Luthers (Anschlag der Thesen 1517) jedem das göttliche Recht durch die Bibel erschließbar und damit das Heilsvermittlungsmonopol der Kirche verzichtbar erschien. Erfindungen und Entdeckungen (Amerika) waren Ursache eines neuen Weltbildes und der Wende vom Mittelalter zur Neuzeit. Die bewegliche Letter (Gutenberg, um 1415) hatte die Möglichkeit geschaffen, Wissen und Information nun vielen Menschen zukommen zu lassen. Die desolaten sozialen und religiösen Verhältnisse waren der nun leicht vermittelbaren religiösen Erneuerung (in deutscher Sprache) ein fruchtbarer Boden.

Kardinal-Erzbischof Matthäus Lang (1519–40), absolutistischer Kirchenfürst und streitbarer Gegner der Reformation, nahm der Stadt durch seine Stadt- und Polizeiordnung 1524 ihre letzten Vorrechte, diese blieb in ihren Grundzügen bis zum Ende des Erzstifts maßgebend. Das Wirken Langs als Diplomat und Berater Kaiser Maximilians I. hat durch den von ihm verhandelten habsburgisch-jagellonischen Heiratsvertrag (Kinderhochzeit, Wien 1515), der 1526 zum Übergang Böhmens und Ungarns an die Habsburger führte, für die Geschichte Österreichs große Bedeutung erlangt.

Die evangelische Glaubenslehre fand auch im Salzburger Gebirge rasch Verbreitung. Der von Kardinal Lang eingesetzte Abt von St. Peter, Johannes Staupitz (gest. 1542), war ein Lehrer und persönlicher Freund Luthers. Die gegen die weltliche und die kirchliche Ordnung gewandten Wiedertäufer wurden von Anfang an blutig verfolgt und 1527 allein auf dem erzbischöflichen Gebiet 43 von ihnen hingerichtet. Die Hinrichtung von zwei Bauernsöhnen löste 1525 einen von Gasteiner und Rauriser Gewerken organisierten, von Bauern und Bergknappen getragenen Aufstand (großer Salzburger Bauernkrieg) aus. Mit einem großen Sieg bei Schladming und einer dreimonatigen, von der Stadt unterstützten Belagerung des Erzbischofs Lang auf Hohensalzburg waren die Aufständischen trotz Eingreifens des Schwäbischen Bundes, Bayerns und Österreichs so erfolgreich, daß zuerst ein friedlicher Kompromiß geschlossen wurde. Ein zweiter Aufstand 1526 endete unglücklich (Radstadt), 26 Bauernführer wurden hingerichtet. Während die Bauern um alte, gebräuchliche Rechte kämpften, zielte ein nahezu revolutionäres Programm der Bürger auf die Besei-

Theophrastus Bombastus v. Hohenheim, genannt Paracelsus, berühmter Arzt, Naturforscher und Philosoph, erstmals 1524 in Salzburg, hier 1541 verstorben. Salzburger Museum Carolino Augusteum.

Erzbischof Wolf Dietrich v. Raitenau (1587–1612), unter Förderung neuer Ideen absolut herrschender Landesfürst, Gemälde von Caspar Memberger(?), 1589. Salzburger Museum Carolino Augusteum.

Erzbischof Leonhard von Keutschach (1495–1519) in einem 1515 errichteten Denkmal an der Südwand der Georgskirche auf der von ihm zur heutigen Gestalt ausgebauten Festung Hohensalzburg.

Matthias Stöckl aus Bramberg, neben Gewerken aus Gastein und Rauris einer der wesentlichen Betreiber und Anführer im großen Salzburger Bauernkrieg 1525/26. Museum Carolino Augusteum.

Erzbischof Markus Sittikus v. Hohenems (1612–19). Gemälde mit einer Darstellung vom im Bau befindlichen Dom und einer Übersicht von Schloß Hellbrunn, A. D. Mascagni, 1618. Schloß Hellbrunn.

Gründungsurkunde Erzbischof Paris Graf Lodrons für die Salzburger Universität, 1. September 1623. Sie hatte eine Theologische, Juridische und Philosophische Fakultät. Salzburger Landesarchiv.

tigung der geistlichen Herrschaft ab. In dieses Geschehen wurde auch eine der markantesten Persönlichkeiten der Zeit, der berühmte Arzt, Naturforscher und Philosoph Theophrastus Bombastus von Hohenheim einbezogen, der sich 1524 in Salzburg niedergelassen hatte. Er verließ die Stadt, kam erst nach Langs Tod zurück und starb ein Jahr später, 1541. Eine Bauernrevolte im Pongau führte 1564/65 zum „Blutwidderdienst" der Nachkommenschaft beider hingerichteten Anführer, der aus je einem mit rotem Tuch bedeckten, beim Landesfürsten (bis 1811) abzuliefernden Widder bestand.

Luthers Lehre fand viele Anhänger im Adel, der vor allem in den österreichischen Erbländern seine meist evangelischen Untertanen durch eine im Angesicht der Türkengefahr (erste Belagerung Wiens 1529) von den überzeugt katholischen Habsburgern erzwingbare Duldung schützte. Österreich wie Bayern verschafften sich Vorteile aus der Hilfe im Bauernkrieg; die Salzburger Politik erreichte ein Kapitelstatut, das die Wahl eines österreichischen oder bayerischen Prinzen ausschloß – ab 1619 wurden dennoch nur österreichische Aristokraten Erzbischof.

Die Gegenreformation begann nach der Mitte des 16. Jh.s auf den Grundlagen des Konzils von Trient 1545–63, und des Augsburger Religionsfriedens 1555, dessen Folge ein protestantisches und ein katholisches Europa nach dem nun gültigen Grundsatz „Cuius regio, eius religio" war. Unter den beiden Erzbischöfen Wolf Dietrich von Raitenau (1587–1612) und Markus Sittikus von Hohenems (bis 1619) hatte die Gegenreformation nur in den Städten und Märkten Erfolg, auf dem Land fand eine mehr äußerliche Konfirmierung statt. Durch diese beiden Herrscher der ausklingenden Renaissance entstand in der Hauptstadt ihres Fürstentums eine ganze Reihe prachtvoller Bauten geistlicher und weltlicher Widmung, die das dieser Zeit eigentümliche Repräsentations- und Selbstdarstellungsbedürfnis deutlich spüren lassen. Sie prägen das Stadtbild ebenso wie die großartigen Bauten des folgenden Barock als bestaunte Kunstwerke und beeindruckende Manifestationen erzbischöflicher Omnipotenz. Das prunkvolle Auftreten fiel in eine Zeit des durch die Wirtschaftspolitik der großen Nachbarstaaten und die Kleinheit Salzburgs bedingten ökonomischen Niedergangs und wurde durch hohe Steuern erkauft. Salzburgs Bedeutung blieb auf den kulturellen Bereich, Baukunst, Musik und Universität reduziert.

Gerade eine Ausnahme von den seltenen außenpolitischen Aktivitäten der Erzbischöfe brachte Wolf Dietrich v. Raitenau Unglück. Sein Versuch, 1611 anläßlich eines Konflikts um Salinenrechte mit Bayern Berchtesgaden zu gewinnen, schlug fehl. Er mußte 1612 abdanken und wurde bis zu seinem Tod 1617 auf der Festung Hohensalzburg gefangengehalten. Wolf Dietrich, als Regent autokratisch, in Ansichten und Veranlassungen seiner Zeit voraus, der italienischen Kultur zugeneigter Renaissancefürst (Lebensgefährtin Salome Alt, Kinder; Schloß Altenau/Mirabell), schuf der mittelalterlichen Stadt durch Demolierung, Neuordnung und -planung die Grundlagen für ihre heutige Gestalt. Erzbischof Markus Sittikus v. Hohenems, Vetter und Nachfolger Wolf Dietrichs, setzte die Salzburger Neutralitätspolitik unter Vermeidung eines Beitritts zur bewaffneten Religionspartei „Katholische Liga"

Stadtansicht Salzburgs. Matthäus Merian, 1644. Vorne rechts die raumgreifenden Anlagen der dritten Stadtbefestigung aus der Zeit Erzbischof Paris Lodrons. Salzburger Museum Carolino Augusteum.

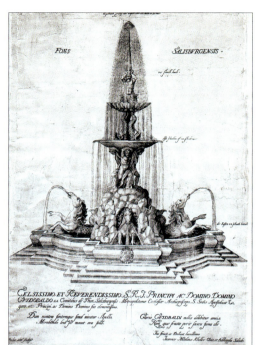

Residenzbrunnen, „der Salzburger Brunnen", unter dem Erzbischof Guidobald Graf Thun 1656–61 von T. G. Allio(?) errichtet, größter barocker Brunnen Mitteleuropas. Museum Carolino Augusteum.

fort, wie er überhaupt von seinem Vorgänger geplantes (Dom, Universität) und weniger eigenes (Hellbrunn) verwirklichte. Paris Graf Lodron, Erzbischof von 1619–53, „Pater Patriae", konnte trotz Unterstützung der „Liga" die Neutralität Salzburgs im Religions-, Stände- und Staatenkonflikt des Dreißigjährigen Kriegs, 1618–48, behaupten. Stadt und Land Salzburg, während seiner Regentschaft konsequent befestigt und von guten Truppen geschützt, blieb in bewaffneter Neutralität vom Kampf verschont – wie es überhaupt der Salzburger Politik ab Beginn des 17. Jh.s für zweihundert Jahre gelang, Kriege fernzuhalten. 1623 erhielt das von Markus Sittikus in Fortführung der Pläne Wolf Dietrichs 1617 gegründete Gymnasium die päpstlichen und kaiserlichen Privilegien einer Universität, der von beiden Vorgängern geplante/gebaute, 1628 prunkvoll geweihte Dom war fast vollendet.

In den hundert Jahren der Erzbischöfe des Barock, Guidobald Graf Thun, ab 1654 (Protestanten gegenüber tolerant); Max Gandolf Kardinal Graf Kuenburg, ab 1668; Johann Ernst Graf Thun, ab 1687; Anton von Harrach, ab 1709 und Leopold Anton Freiherr v. Firmian, 1727–44, entstanden auf den von Wolf Dietrich geschaffenen Grundlagen die das heutige Stadtbild prägenden Bauten einer barocken Residenzstadt – später, unter Abwendung von den bisher hier tätigen italienischen Architekten, durch Johann Bernhard Fischer v. Erlach und Johann L. v. Hildebrandt im Stil des österreichischen Barock. Organisatorisch hatte das Erzstift schon am Ende des 17. Jh.s mit der Einführung von neuen Zentralbehörden und der Stärkung der exekutiven Seite der Gesetzgebung durch den Erlaß von Sicherheits-, Feuerlösch-, Ruhe- und Hygienevorschriften sowie Ordnungen für den Peinlichen und den Zivilen Prozeß die Formen eines modernen Staates angenommen.

Um die Wende des 17. zum 18. Jh. wurde der Druck der Gegenreformation immer stärker. 1684/85 fand unter Max Gandolf eine erste Ausweisung von Protestanten aus dem Defreggental statt. Die im Glauben der Zeit begründete Verfolgung von Hexen und Zauberern zielte meist auf mißliebige Personen (z.B. Landstreicher), deren man sich entledigen wollte. In einem der größten und blutigsten Hexenprozesse Europas (1678–81, vom Land ans Salzburger Stadtgericht gezogen), fielen über einhundertdreißig Menschen, darunter auch 10jährige Kinder, teils nach furchtbaren Folterungen dem Hexenwahn zum Opfer. Auch danach fanden zahlreiche Hexenprozesse statt, noch 1750 wurde in der Stadt Salzburg ein 16jähriges Mädchen als Hexe enthauptet. Erzbischof Firmian sah, unterstützt von Angehörigen des Jesuitenordens, in der Austilgung jedweder „Ketzerei" seine wichtigste Aufgabe. Auf Grund seines 1731 erlassenen, wegen der Bestimmungen des Westfälischen Friedens rechtswidrigen Emigrationspatents mußten über zwanzigtausend protestantische Bauern, Knechte und Mägde aus dem Pongau, Teilen des Pinz- und

„Maria Steinbacherin aus Werffen". Kupferstich in Johann H. Baum „Der Saltzburgischen Emigranten Freuden-müthige und höchst-gesegnete Wanderschafft...", Nürnberg, 1732. Salzb. Landesarchiv.

Wolfgang Amadeus Mozart, siebenjährig, in einem Galakostüm, das ihm Maria Theresia für seinen Auftritt in Schönbrunn, 1762, machen ließ. Gemälde v. P. A. Lorenzoni, 1763. Mozarteum, Salzburg.

Lungaus sowie die Bergknappen vom Dürrnberg 1732 nach trickreicher Vorbereitung der Ausweisung und zur Schande Salzburgs unter menschenunwürdigen Bedingungen ihre Heimat verlassen. Die meisten Emigranten wurden in Ostpreußen, einige in Holland und in Georgia (Amerika) aufgenommen. 1966 schuf Erzbischof Rohracher mit einer Bitte um Vergebung die Grundlage für eine Aussöhnung mit diesem Teil der Vergangenheit, in dem fast ein Viertel der Landesbevölkerung zur Auswanderung gezwungen worden war.

In der auf Firmian folgenden Zeit konnte bis zur Wahl Erzbischof Hieronymus Graf Colloredos, 1772–1803, kein Landesherr Bedeutung erringen, außer daß Graf Schrattenbach den lange geplanten Mönchsbergdurchbruch, das „Neutor", ausführen ließ. Am 27. Jänner 1756 wurde der wohl berühmteste Salzburger, Wolfgang Amadeus Mozart, als siebentes Kind des erzbischöflichen Hofkomponisten und Konzertmeisters Leopold Mozart geboren. Colloredo, letzter Salzburg weltlich regierender Erzbischof, brachte seinem Land durch die Ideen der Aufklärung und Zuziehung vieler geistig bedeutender Menschen eine kulturelle und wirtschaftliche Sonderstellung. Wie sein Vorbild Kaiser Joseph II. ließ er aus Sendungsbewußtsein nicht immer zur Freude der Bürger kaum einen Bereich des bürgerlichen Lebens unberührt – er reformierte das Schulwesen, regelte in einem neuen Steuersystem die Abgaben, und auch die Protestantenvertreibung fand nun ein Ende (Österreich: Toleranzedikt, Joseph II., 1781). Colloredo flüchtete während der Napoleonischen Kriege 1800 nach Wien und leitete das Erzbistum von hier bis zu seinem Tod 1812. Das selbständige geistliche Fürstentum hatte durch den Reichsdeputationshauptschluß von Regensburg mit der Säkularisation und dem Verzicht Colloredos auf die weltliche Herrschaft schon 1803, über 1100 Jahre nach dem Auftreten des hl. Rupert, sein Ende gefunden.

Salzburg und andere geistliche Herrschaften waren, ohne dynastischen Rückhalt, schon früher Gegenstand von Sekularisationsplänen und politischem Kalkül großer, weltlicher Fürsten. Da das den Erzbischof wählende Salzburger Domkapitel meist aus landesfremden Adeligen bestand, die Wahl Frucht verschiedenster Einflußnahmen und der Erwählte ebenfalls nicht bodenständig war, bestand wie in den meisten geistlichen Fürstentümern auch in Salzburg kaum eine Bindung zwischen dem jeweiligen Landesfürsten und dem Volk. Die Salzburger trauerten der Vergangenheit nicht nach und waren uneinig, ob sie sich Bayern oder Österreich anschließen sollten. Das Land, dem besitzlos gewordenen Großherzog von Toskana, Erzherzog Ferdinand v. Österreich, zugesprochen, wurde zum Kurfürstentum erhoben, das nach einer neuerlichen französischen Besetzung 1805 zwischen 1806 und 1809 unter österreichische Herrschaft (österr. Kaiser Franz I., Herzog von Salzburg) kam. Nach der Kriegserklärung Franz I. an Frankreich be-

Schon im 18. Jh. diente die Gasteiner Ache zur industriellen Verarbeitung der Erze edler und unedler Metalle. Hüttenwerk Lend EB Paris Lodrons, 1791. Radierung von F. v. Naumann. Carolino Augusteum.

Plan der Schlacht am Walserfeld zwischen einer österreichischen Armee u. französisch-republikanischen Truppen, 14. Dezember 1800, die Franzosen besetzten danach Salzburg. Carolino Augusteum.

setzten französische und bayrische Truppen neuerlich Salzburg, das bis 1810 unter französischer Verwaltung blieb. Am Land beteiligte sich die Bevölkerung in einer Verbindung mit den von Haspinger geführten Tiroler Freiheitskämpfern durch aufopfernd geführte Gefechte u.a. am Paß Lueg, am Steinpaß und in Taxenbach gegen die ins Gebirge vordringenden französisch-bayrischen Truppen. Nach ab Oktober 1810 folgenden sechs Jahren unter bayrischer Verwaltung wurde Salzburg, nach massiven Drohungen des Wiener Hofs, nun ohne Berchtesgaden, Tittmoning, Waging, Laufen, den Rupertiwinkel sowie Itter-Hopfgarten in Tirol, durch den Wiener Kongreß 1816 von Bayern herausgegeben und endgültig österreichisch. Nachdem schon unter den Bayern die Universität und die Landschaft aufgehoben worden waren, brachten die ersten Jahrzehnte unter den Habsburgern nun die Angliederung Salzburgs als ein fünfter Landkreis an Oberösterreich, die Verwaltung durch „kaiserlich-königliche Kreishauptleute" von Linz aus, den Verlust der Landesbehörden und damit die Degradierung zu einer Kreisstadt und in der Folge sowohl wirtschaftlichen wie auch politischen Niedergang. 1823 wurde das nach dem Tod Colloredos durch einen Administrator geleitete Erzbistum mit allen Privilegien wiedererrichtet, dem Domkapitel das Wahlrecht bestätigt – der Erzbischof bekam Rang und Titel eines österreichischen Fürsten. Die Bemühungen um die Wiedererrichtung der Universität, der Landschaft und einer Residenz blieben erfolglos. Ein Stadtbrand hatte 1818 am rechten Salzachufer über siebzig Wohnhäuser zerstört und das Schloß Mirabell beschädigt; die Stadt Salzburg hatte bis dahin bereits ein Viertel ihrer Bevölkerung von 1771 eingebüßt.

In Salzburg verdienten früher etwa drei Viertel der arbeitenden Menschen ihren Lebensunterhalt in der Landwirtschaft, den Rest beschäftigten Handel, Gewerbe und Bergbau. Neben dem Salzhandel war die europaweite Lieferung von Marmor (Grabplastik) von Bedeutung. Ebenso wurden Gold, Silber, Kupfer, Eisen und Messing (Oberalm, Ebenau) gehandelt. Besondere Bedeutung hatte das Brauwesen. Neben den Hofbrauereien in Kaltenhausen (1475), Teisendorf (1666) und Henndorf (vor 1680) waren Privatbrauereien wie die Stieglbrauerei (1491) und die Trumer Brauerei (1601) tätig. Da Lagerung und Transport ohne Kühlung schwierig waren, brauten viele Gastwirte selbst. Bis Mitte des 19. Jh.s transportierten Schiffer über 25.000 Tonnen Salz und andere Waren über Salzach, Inn und Donau nach Wien. Gold und Silberbergbau wurde in Gastein, Rauris und Ramingstein, Kupfer- und Schwefelabbau in Hüttschlag, Mühlbach/Pinzgau, im Untersulzbachtal und in Leogang betrieben, Eisenbergbau in Bundschuh (16. Jh.) und im Achtal am Teisenberg, bei Neukirchen (Rupertiwinkel, Bayern); die Eisengewerkschaft Achtal bestand von 1537 bis 1919. Die Goldwäscherei im Salzachtal und den Nebentälern, seit dem frühen Mittelalter ein bäuerlicher Nebenerwerb (Gold Teil der Abgaben), wurde noch im 19. Jh. betrieben. Seit dem 14. Jh. war der Bergbau durch landesfürstliche Ordnungen geregelt, deren älteste, für Hütten-

Der Großbrand von St. Johann im Pongau, 1855, über 100 Objekte wurden zerstört. Danach historist. Neubau der Dekanatskirche in neugot. Stil, „Pongauer Dom". Museum Carolino Augusteum.

Der bayerische Raddampfer „Prinz Otto" am Anlegeplatz an der Salzach (heute Franz Josef-Kai), 1857. Versuch, eine Salzach-Donau-Schiffahrt einzurichten. Salzburger Museum Carolino Augusteum.

berg, Gastein und Rauris, aus dem Jahr 1342 stammt. In der Blütezeit des Bergbaus im 16. Jh. waren ca. 4000 Knappen beschäftigt. Am Beginn der österreichischen Herrschaft wurden die noch bestehenden Bergwerke stillgelegt oder verkauft, das private Gewerkentum in den Bergbaugebieten hatte schon im 17. Jh. durch landesfürstlichen Aufkauf ein Ende gefunden. Die Stillegungen brachten die Gebirgsgaue Ende des 19. Jh.s in eine Notlage, die auch Idealisten wie Ignaz Rojacher z.B. für Rauris nicht mehr beseitigen konnten. Aus Rentabilitätsgründen sind noch zwischen 1956 und 1992 traditionsreiche Bergbaubetriebe, der Magnesitabbau in Leogang und Hochfilzen, der Salzbergbau und die Saline in Hallein, der Wolframabbau im Felbertal, das Aluminiumwerk Lend und der Kohleabbau in Trimmelkam, stillgelegt worden.

Zweiunddreißig Jahre als „Provisorium" bei Oberösterreich brachten trotz aller Provinzialität langsam auch Positives für die Zukunft. Im Geiste der Romantik wurde die Schönheit der Gebirgswelt entdeckt (u.a. Michael Sattler, Rundbild der Stadt Salzburg, 1825), das Mozartdenkmal 1842, die Musikschule und die internationale Stiftung Mozarteum 1880 waren Zeichen einer bewußten Entwicklung zur Musikstadt unter der Aura Mozarts. Die Revolution von 1848 führte 1850 auch zur Errichtung eines selbständigen „Kronlands Salzburg", welche mit der damaligen österreichische Verfassungsreform (Februarpatent) mit der Konstituierung eines eigenen Salzburger Landtags 1861 abgeschlossen wurde. Die auch durch die Unzufriedenheit der in den Industriebetrieben ausgebeuteten Arbeiter verursachte Revolution ermöglichte wesentliche Reformen: die Beseitigung des jahrhundertealten Untertanenverbands (Grundentlastung: Ablöse der Urbarial-, Zehent- und Robotrechte an den unfreien Bauern), die Einführung politischer Ortsgemeinden und Bezirkshauptmannschaften und die staatliche Gerichtsbarkeit. 1867 wurden die vier Bezirkshauptmannschaften Flachgau, Pongau, Pinzgau und Lungau errichtet, 1896 eine fünfte (Tennengau) in Hallein. Die 1860 eröffnete Bahnlinie Wien-Salzburg-München (Westbahn) brachte den Anschluß an das europäische Verkehrsnetz und war, wie die Linie Salzburg-Bischofshofen-Wörgl, 1875, und die 1909 eröffnete Tauernbahn für den Aufbau von Wirtschaft und Fremdenverkehr von entscheidender Bedeutung. Die durch den Liberalismus möglichen politischen Veränderungen und Vereinsbildungen bewirkten grundlegende Strukturveränderungen im ganzen Land. Wenn auch eine Industrialisierung nur langsam in Gang kam, hatte Salzburg doch an der Prosperität in der franzisko-josephinischen Zeit Anteil. Die Pflege der Landeskultur brachte die Flußregulierung im Oberpinzgauer Salzachtal, weitere Flußregulierungen, Wildbachverbauung und Bodenverbesserung; der von Vereinen betriebene Bau von Schutzhütten erschloß die Hochtäler und das Gebirge. Die Stadt Salzburg, 1861 als Festung aufgelassen (Aufhebung des fortifikatorischen Bauverbots; in Wien 1857, Ringstraße; in Graz schon 1784), wuchs durch die Schleifung der Lodronschen Befestigungen, die Uferregulierung und Anlage der Kais vor allem rechts der Salzach, während der Kern der Altstadt vom gründerzeitlichen Baugeschehen kaum berührt wurde. Von 1860 bis zum Ersten Weltkrieg hatte sich die

Das Andräviertel vor dem Abbruch der von Paris Lodron errichteten Befestigungen und der gründerzeitlichen Stadterweiterung, um 1863 (Eisenbahnbrücke, 1859, rechts). Carolino Augusteum.

Wasserbetriebener Aufzug (Radhaus) für Erztransporte vom über 2400 m hoch gelegenen Goldabbau nach Kolm-Saigurn, Rauris, zuletzt von Ignaz Rojacher 1876–1888 betrieben. Carolino Augusteum.

Einwohnerzahl auf 36.000 verdoppelt. Ab 1866 gab es durch die aus der Toskana vertriebenen Habsburger in der Residenz und durch das Exil Erzherzog Ludwig Viktors („Luziwuzi") im Schloß Kleßheim auch wieder Hofhaltungen in Salzburg. Wie in allen Ländern der Monarchie belasteten die Anforderungen, Ereignisse und Ergebnisse des Ersten Weltkriegs auch Salzburg in ungeheurem Ausmaß. Nach den Zeiten der Not, ab 1917 kam es zu Hungerkrawallen und Aufruhr, und den Opfern an Menschen und Material bestanden Zweifel an der Lebensfähigkeit des als Rest der Monarchie verbliebenen Kleinstaats Republik Deutsch-Österreich. Der im November 1918 von der Landesversammlung Salzburgs (christlichsoziale, sozialdemokratische und deutschnationale Partei) erklärte Beitritt zu diesem wurde 1920 für den nun durch eine Verfassung begründeten Bundesstaat Republik Österreich erneuert.

Das dem Handel der Stadt seit der Teilung 1816 fehlende agrarische Hinterland (z.B. Rupertiwinkel), zu wenige größere Industriebetriebe, der kaum wirtschaftliche Bergbau im Gebirge und die durch die Landesstruktur bedingten hohen landwirtschaftlichen Produktionskosten führten zu einer allgemeinen Verarmung. 1933, am Höhepunkt der Weltwirtschaftskrise, in der die Arbeitslosigkeit die Menschen radikalisierte, war ein Drittel der Arbeitnehmer in Salzburg arbeitslos. Die politische Krise von 1927 (Brand des Justizpalastes in Wien) hatte in Salzburg durch die Konsenspolitik der Christlichsozialen und Sozialdemokraten keine schwerwiegenden Folgen, jedoch wuchsen die Spannungen zwischen diesen Parteien und ihren paramilitärischen Verbänden „Heimwehr" und „Schutzbund" sowie gegenüber der wachsenden Zahl der nach der Errichtung des autoritären „christlichen Ständestaats" 1933 illegalen Nationalsozialisten. Das in diesem Jahr abgeschlossene Konkordat brachte dem Domkapitel die Beschränkung seines Wahlrechts und berücksichtigte das einmalige Salzburger Ernennungsrecht in den Eigenbistümern, das die Erzbischöfe „zu einem halben Papst" gemacht hatte, nicht. Der sozialdemokratische Februaraufstand 1934 hatte im Gegensatz zu Wien wenig Auswirkung; der nationalsozialistische Putsch im Juli führte zu über zehn Toten, in Wien zur Ermordung des Bundeskanzlers Dollfuß. Die ständische Regierung Salzburgs fand am 11. März 1938 durch die um den politischen Anschluß an Deutschland (seit 1933 unter Adolf Hitler) kämpfenden Nationalsozialisten ein Ende, am 12. März erfolgte der Einmarsch deutscher Truppen, eine Volksabstimmung am 10. April ergab eine fast hundertprozentige Zustimmung. Die fast vollkommene Beseitigung der Arbeitslosigkeit und ein allgemeiner Wirtschaftsaufschwung folgten.

In der vom christlichsozialen Landeshauptmann Franz Rehrl geprägten schwierigen Zeit zwischen 1922 und 1938 verfolgte sein Wirtschaftsprogramm die Förderung des Fremdenverkehrs (1933 durch die „1000-Mark-Sperre" schwer getroffen) und mit der Errichtung ihm dienender Strukturen die Schaffung einer besseren Beschäftigungslage, da viele der großen Projekte, wenig maschinengestützt, durch die Arbeit vieler Menschen ausgeführt

Mitterberghütten bei Bischofshofen. 1887–1931 Standort d. Kupferverhüttung (Kupferkies, Mühlbach), 1916 Sammelstelle kriegswichtiger Metalle, Kupferkessel, Glocken. Archiv der Stadt Salzburg.

Adolf Hitler in Salzburg, April 1938. Im April folgte sein Spatenstich zur Reichsautobahn am Walserberg, im Mai der zu d. Tauernkraftwerken Kaprun (Göring). Landesstelle f. audio-visuelle Lehrmittel.

wurden. So entstanden u.a. die Schmittenhöhe-Bahn (1928), die Gaisbergstraße (1929) und die Großglockner-Hochalpenstraße (1935). Nach dem Fuscher Bärenwerk (1924) setzte die Planung der Tauernkraftwerke in Kaprun den Kraftwerksbau im Gebirge fort.

Auf kulturellem Gebiet war die Entwicklung der Salzburger Festspiele, die mit der ersten Aufführung des „Jedermann" am Domplatz in der Inszenierung Max Reinharts 1920 begannen, maßgebend. Ab 1922 wurden Opern aufgeführt, 1925 entstand das erste Festspielhaus im Gebäude des erzbischöflichen Marstalls, 1937 wurde das Festspielhaus auf Wunsch Toscaninis durch Clemens Holzmeister grundlegend umgebaut – mit den Jahren der Zwischenkriegszeit war immer mehr internationales Publikum in Salzburg zu Gast.

Die auf der breiten Zustimmung basierenden großartigen Planungen des Nationalsozialismus und die anfänglichen wirtschaftlichen Erfolge wurden beim Ausbruch des Zweiten Weltkriegs 1939 durch den Vorrang kriegswirtschaftlicher Erfordernisse zunichte. Die folgende, für Salzburg sicher härteste Zeit seines Bestehens endete am 4. Mai 1945 mit dem Einzug amerikanischer Truppen in der durch den Einsatz des deutschen Kampfkommandanten zur „Offenen Stadt" erklärten, vor der Zerstörung geretteten Landeshauptstadt. Außer den durch Luftangriffe zwischen Oktober 1944 und Kriegsende verursachten Zerstörungen (über vierhundert Häuser, Domkuppel, Mozarts Wohnhaus, Museum) vom direkten Kriegsgeschehen verschont, wurden Stadt und Land Salzburg weit heiler als andere Teile Österreichs aus ihrer Zeit im Großdeutschen Reich entlassen. Die Ereignisse von 1944/45 waren, ausgenommen die Franzosenkriege zwischen 1797 und 1809, die einzigen wesentlichen militärischen Aktionen auf Salzburger Boden seit den Bauernkriegen des 16. Jh.s. Die amerikanische Besatzungszone wurde, durch den im Verhältnis zu den östlichen Bundesländern raschen wirtschaftlichen Aufstieg, zum Begriff des „Goldenen Westen". Der anhaltende Erfolg der bis 1944 abgehaltenen (Richard Strauss, Wilhelm Furtwängler, Hans Knappertsbusch, Karl Böhm) und schon 1945 wieder durchgeführten Salzburger Festspiele, die Einführung der Osterfestspiele 1967, der zunehmende Fremdenverkehr und das überdurchschnittliche Wirtschaftswachstum Salzburgs während der Jahrzehnte nach Kriegsende verschafften dem Land eine besondere Stellung innerhalb des Bundesstaats Österreich. Der größte Beitrag des kleinen Salzburg zur europäischen Größe des kleinen Österreich war und ist kultureller Natur. Mit dem Abschluß des Österreichischen Staatsvertrags und dem Abzug der Besatzungstruppen 1955 ging die „Nachkriegszeit" zu Ende. Danach waren markante Meilensteine am erfolgreichen Weg Salzburgs die Eröffnung der Teilstrecke Salzburg-Mondsee der Autobahn Salzburg-Wien 1958 (vollendet 1966); die Fertigstellung der Tauernkraftwerke Glockner-Kaprun, 1955 (nach 13jähriger, unterbrochener Bauzeit); die Weihe des wiederaufgebauten Doms, 1959; die Errichtung einer Seilbahn auf den Untersberg, des Flughafens Salzburg-Maxglan und des neuen Festspielhauses

Amerikanische Bomber über Salzburg, 1944. Das Hauptziel waren die Bahnanlagen, Rauch von Bombenexplosionen und Vernebelung. National Archives and Records Administration, Washington DC, USA.

Speicherkraftwerk Kaprun, Kapruner Tal. Bau des Jahresspeiches Mooserboden (Drossensperre und Moosersperre) der „Oberstufe Glockner-Kaprun", 1954. Verbundgesellschaft, Geschäftsstelle Salzburg.

(Clemens Holzmeister), 1960; die Fertigstellung der Gerlosstraße, 1962; die Eröffnung der Felbertauernstraße als einen wintersicheren Alpenübergang, 1967; und die Fertigstellung der Tauernautobahn auf Salzburger Boden (eine Richtungsfahrbahn), 1979. Die Wiederbegründung der Universität 1962 und die Erhebung des Mozarteums zur Hochschule 1971 führten zu einer neuen Bereicherung des geistigen und künstlerischen Lebens, dessen musikalischer Bereich ab 1961 mit der künstlerischen Leitung der Festspiele durch Herbert v. Karajan für fast dreißig Jahre von diesem beeinflußt war. Das unbegrenzte Wirtschaftwachstum der 70er und 80er Jahre des 20. Jh.s nährte eine, wie schon in der Zwischenkriegszeit, besonders dem Föderalismus verpflichtete Landespolitik.

War die Überwindung der Not und und die Befriedigung der elementaren Lebensbedürfnisse der Menschen im ersten Nachkriegsjahrzehnt das vorrangige Problem, so wandelte sich dieses später zur Sorge um wirtschaftliche und politische Stabilität und Erhaltung der Lebensqualität in einer intakten Umwelt – vor dem Hintergrund eines immer realer und größer werdenden gemeinsamen europäischen Lebensraums. Im November 1982 beschloß der Landtag mit dem Gesetz über die „Errichtung des Nationalparks Hohe Tauern im Bundesland Salzburg" ein beispielhaftes Vorhaben der Raumordnung und des Naturschutzes zur Bewahrung der großartigen Landschaft Salzburgs, die mit der Kultur die Basis des Fremdenverkehrs ist und neben der Vielzahl neuer industrieller, vor allem hochtechnologischer Unternehmen den heutigen Wohlstand des Landes ermöglicht hat. Am Nationalpark Hohe Tauern haben die Länder Kärnten, Tirol und Salzburg (dieses mit fast der Hälfte) Anteil; er umfaßt über 300 mehr als 3000 Meter hohe Berge und über 240 Gletscher. Die Sorge um die Erhaltung des gesunden Lebensraums, der gewachsenen alten Stadtkerne und der Stadtlandschaft, des „überschaubaren Raums", veränderte das Bewußtsein der Bevölkerung – das schon seit 1967 bestehende Salzburger Altstadterhaltungsgesetz ist das älteste dieser Art in Europa. Im September 1997 wurde die Salzburger Altstadt als Weltkulturerbe in die Liste der UNESCO aufgenommen. 1998 fiel entsprechend dem Schengener Abkommen die Grenze zwischen Salzburg und der Bundesrepublik Deutschland (Bayern), im gleichen Jahr wurde das 1200jährige Bestehen des Erzbistums Salzburg gefeiert.

Die Geschichte des Landes Salzburg als geistliches Fürstentum verlief grundsätzlich anders als die der übrigen österreichischen Bundesländer, und sie ist auch wie sonst keine österreichische Landesgeschichte eigentlich die Geschichte einer Stadt. Noch heute ist alles auf die Stadt konzentriert, das Land scheint einen Äquator am Paß Lueg zu haben, der es gleich Italien in eine reiche, siedlungsfreundliche nördliche und in eine arme und schöne südliche Hälfte teilt. Heute, aber auch in Zukunft, wird es für Salzburg eine Herausforderung sein, darauf zu achten, daß Natur und Alpenidylle, Hochkultur und prosperierende Wirtschaft wie kommunizierende Gefäße zusammenwirken, damit die glücklichen Salzburger Einzigartigkeiten eine allen gemeinsame Erfolgsbasis bleiben und nicht zum Januskopf werden, dessen zweites, dunkles Gesicht dem „Inner Gebirg" im Süden zugewandt ist.

Salzburger Altstadt 2000 – Bischofsitz 739, Stadt 996 (1287), Zentrm des eigenständ. Fürstentums 1328, d. k.k. Kronlandes 1816, des österr. Bundeslandes Salzburg 1920. Weltkulturerbe seit 1996.

Die Lage des Bundeslandes Salzburg
ist geographisch durch die Koordinaten seiner
äußersten Grenzpunkte (bezogen auf Greenwich) wie folgt definiert:
westlichster Grenzpunkt, Gemeinde Wald/Pinzgau, 12° 04' 35'' östl. Länge, 47° 16' 12'' nördl. Breite,
östlichster Grenzpunkt, Seetal/Gemeinde Tamsweg, 13° 59' 51'' östl. Länge, 47° 08' 01'' nördl. Breite,
nördlichster Grenzpunkt, Gemeinde Dorfbeuern 13° 02' 34'' östl. Länge, 48° 02' 31'' nördl. Breite,
südlichster Grenzpunkt, Bundschuh/Gemeinde Thomatal 13° 47' 08'' östl. Länge, 46° 56' 39'' nördl. Breite.
Längenunterschied 1° 55' 16'', ca. 150 Kilometer, Breitenunterschied 1° 5' 52'' ca. 125 Kilometer.
Am Gipfel des Großvenedigers liegt mit 3.666 Metern der höchste und an der Salzach
im Gemeindegebiet St. Georgen bei Salzburg mit 383 Metern Seehöhe der tiefste Punkt Salzburgs.
Im Zeitraum 1990 bis 2000 betrug das Jahresmittel der Lufttemperatur 9,5° C,
die mittlere Summe der Niederschläge betrug 1.170 mm (Liter/m²),
in den letzten 40 Jahren wurde 37,7° C als höchste und -29° C als niedrigste Temperatur gemessen
(klimabezogene Angaben: Meßpunkt Flughafen Salzburg-Maxglan, 434 Meter Seehöhe).
Das von den häufigen Nord- und Nordweststaulagen am Alpennordrand und in den
Kalkhochalpen geprägte Klima ist durch die vorherrschenden Westwinde und hohe Niederschlagsmengen
(nach Vorarlberg die zweithöchsten Österreichs, „Salzburger Schnürlregen") charakterisiert.
Im durch die Tauern vor der Westwetterlage geschützten Lungau ist das Klima mit häufig
besonders tiefen Temperaturen (Österreichs Kältepol), besonders vielen Sonnentagen
und verhältnismäßig wenig Niederschlag deutlich kontinental ausgeprägt.
Außer den von mitteleuropäischer Flora und Fauna geprägten Gebieten des Flachgaus und des Salzburger Beckens
ist der gebirgige Großteil des Landes (fünf Sechstel) durch seine alpine Tier- und Pflanzenwelt charakterisiert.
Salzburg hat eine Fläche von 7.154,03 Quadratkilometern (2001), das sind 8,5 Prozent des österreichischen Bundesgebietes.
Davon sind 1.180,41 Quadratkilometer (16,5 Prozent) landwirtschaftlich genutzt, 1.828,39 (25,6 Prozent) Alpen,
2.837,95 (39,7 Prozent) Wald, 101,72 (1,4 Prozent) Gewässer, 117,89 (1,6 Prozent) Bauflächen,
14,69 (0,2 Prozent) Gärten und 1.072,96 (15 Prozent) unter sonstiger Nutzung stehende Flächen,
von diesen sind 946,94 (13,2 Prozent der Landesfläche) Ödland, der Rest Verkehrsflächen, Bahngrund u.a.
Die seit dem Ersten Weltkrieg von 222.800 (1923) ansteigende Einwohnerzahl Salzburgs hat im letzten Jahrzehnt
von 482.365 im Jahr 1991 um 7,5 Prozent (dem höchsten Prozentsatz der Bundesländer) auf 518.580 Einwohner
im Mai 2001 (das sind 6,4 Prozent der Bevölkerung Österreichs) zugenommen.
Von den 2000 gezählten 515.087 Einwohnern waren 61.295 (11,9 Prozent) gemeldete, im Land lebende Ausländer.
An der Bevölkerung des Landes hatten 1991 die katholische Religionsgemeinschaft 79 Prozent, die evangelische
(AB und HB) 4,7 Prozent, die islamische 2 Prozent, übrige 3 Prozent Anteil, ohne Bekenntnis waren 7 Prozent.
Die 251.420 Berufstätigen im Jahr 2000 waren zu 84 Prozent (211.026) unselbständig tätig.
Im Jahr 2000 standen in Salzburg 5.557 Lebendgeburten 4.114 Todesfällen gegenüber.
Der Anteil Salzburgs an der Bruttowertschöpfung Österreichs betrug im Jahr 1998 7,2 Prozent.
Wegen der historischen und kulturellen Bedeutung der Stadt Salzburg, ihres Reichtums an Sehenswürdigkeiten
und kulturellen Veranstaltungen und wegen der Schönheit des Landes hat der Tourismus größte Bedeutung.
November 1999 bis Oktober 2000 wurden 20.923.848 Übernachtungen gezählt, davon 15.483.647 (74,4 Prozent)
von Ausländern; die durchschnittliche Aufenthaltsdauer der Gäste Salzburgs betrug 4,63 Tage.
Salzburg ist flächenmäßig das viertkleinste, nach Einwohnern das drittkleinste Bundesland und steht
mit einer Bevölkerungsdichte von 72 Einwohnern/Quadratkilometer vor Tirol (53), Kärnten (59)
und dem Burgenland (70,5) an sechster Stelle der Bundesländer.
Das Land Salzburg ist in sechs politische Bezirke geteilt,
davon sind fünf Landbezirke und einer Stadtbezirk (Salzburg, Stadt mit eigenem Statut).
Diese politischen Bezirke sind (Reihenfolge nach Namen, Bevölkerungszahl, Prozenten an
der Landesbevölkerung, an der Landesfläche und der Bevölkerungsdichte, Zahlen 2001):
Salzburg Stadt, 144.816, 27,8, 1, 2.025; Salzburg-Umgebung/Flachgau 135.440, 26,5, 14, 135;
Hallein/Tennengau, 54.447, 10,5, 9, 85; Zell am See/Pinzgau, 84.354, 16,2, 37, 31,
St. Johann im Pongau/Pongau, 78.103, 15, 24, 45; Tamsweg/Lungau, 21.420, 4,1, 15, 20.
Salzburg hat 119 Ortsgemeinden, 10 davon (mit Salzburg) haben den Status einer Stadtgemeinde
und 25 sind Marktgemeinden; das Land hat 381 Katastralgemeinden
(in einem Grundbuch zusammengefaßte Verwaltungseinheiten)
und 757 Ortschaften.

Die Ende September 2001 verfügbaren statistischen Daten
bilden die Grundlage für die Erstellung des Textes.

FLACHGAU

Seite 17   1 · Der Wallersee bei Thalham.   Seiten 18–20   2 · Blick vom Tannberg über den Wallersee. Die Berge des Hochgebirges im Hintergrund (von links): Tennengebirge, Hagengebirge, Hoher Göll, Watz

7 · Landschaft bei Seeham, Blick über den Obertrumer, Matt- und Grabensee.

8 · Blick vom Haunsberg gegen Norden.

9 · Landschaft bei Mölkham.

10 · Landschaft bei Maierhof am Wallersee.

ntersberg. Rechte Bildhälfte im Mittelgrund Gaisberg (Sender) und Kapuzinerberg (Franziski-Schlößl) im Stadtgebiet Salzburgs.

3 · Landschaft zwischen Schleedorf und Mölkham.

4 · Blick von Zellhof über den Obertrumer See.

5 · Der Obertrumer See bei Seeham.

6 · Landschaft bei Muntigl.

11 · Blick vom Haunsberg über Anthering zur Stadt Salzburg. Die Berge (von links): Gaisberg, dahinter Tennengebirge, Hagengebirge, Hoher Göll und Untersberg.

12 · Blick vom Schafberg gegen Thalgau, Drachenwand.

13 · Blick vom Gaisberg über den Nockstein zum Wallersee.

14 · Blick vom Gaisberg zum Tennengebirge.

15 · Blick vom Schafberg über den Wolfgangsee zum Dachstein.

16 · Blick vom Schafberg über den Wolfgangsee und St. Gilgen in Richtung Salzburg. Ganz oben Untersberg (links) und Hochstaufen.

17 · Blick von Hof bei Henndorf über Thalgau zum Schober.

18 · Blick über den Wolfgangsee und St. Wolfgang zum Schafberg.

19 · Landschaft an der Postalm-Straße, Retteneggalm.

20 · Blick über den Fuschlsee zum Schafberg.

21 · Blick vom Zwölferhorn zum Tennen- und Hagengebirge und Hohem Göll, vor diesem der Gipfel des Schmittensteins.

22 · Die Strubklamm zwischen Ebenau und Faistenau.

23 · Moorwiesen, Winkl bei Koppl.

24 · Landschaft an der Postalmstraße, Braunedlkogel.

25 · Der Hintersee, bei Faistenau.

26 · Landschaft bei Bayerham, im Hintergrund der Untersberg.

27 · Blick vom Zwölferhorn, die östliche Osterhorngruppe und Dachstein.

28 · Blick vom Haunsberg auf Salzburg.

29 · Landschaft im Waldmoos (Moorgebiet), bei Maxdorf.

30 · Wiesenstück, bei Faistenau.

31 · Wiesenstück, bei Hintersee.

32 · Wiesenstück, bei Michaelbeuern.

33 · Linde, bei Schaming.

34 · Wiesenstück, bei Oberndorf am Inn.

35 · Wiesenstück, bei Henndorf.

36 · Buche („Kaiserbuche"), am Haunsberg.

37 · Wiesenstück, Reit bei St. Gilgen.

38 · Bauernhof, in Bayerham.

39 · Bauernhof, in Sprungedt.

40 · Bauernhof, bei Hintersee.

41 · Bauernhof, bei Hintersee.

42 · Bauernhof, bei Spanswag.

43 · Bauernhaus, Fassadenteil, Holzhausen.

44 · Bauernhaus, Fassadenteil, Seewalchen.

45 · Ehemaliges Bauernhaus, Fassade, Thalgau, Egg.

46 · Bauernhaus, Fassadenteil, Bayerham.

47 · Wohnhaus, Fassade, Außerhof bei Obertrum.

48 · Historisches Bauernhaus (1776), Winkl bei Koppl.

49 · Bauernhaus, Thalgau, Egg.

50 · Mühle an der Fuschler Ache, Waldach.

51 · Mühle „In der Plötz", bei Ebenau.

52 · Doppelmühle, „Waschlmühle", bei Ebenau.

53 · Stube im Abersee-Lipphaus, bei Strobl.

54 · Bauernhaus, Fassadenteil, Eugendorf.

55 · Abersee-Lipphaus, Denkmalhaus, bei Strobl.

56 · Bauernhof, Fassadenteil, Hintersee.

57 · Landschaft bei Michaelbeuern.

58 · Mattsee, Blick über das Schloß und den See.

59 · Blick über Obertrum, im Hintergrund die Chiemgauer Alpen.

60 · Blick über St. Gilgen und den Wolfgangsee.

61 · Landschaft um Köstendorf.

62 · Schloß Glanegg, bei Grödig.

63 · Wasserschloß Anif.

64 · Schloß Goldenstein, bei Elsbethen.

65 · Schlößchen Ursprung, bei Elixhausen.

66 · Benediktinerabtei Michaelbeuern, Abteisaal.

67 · Benediktinerabtei Michaelbeuern, Stiftskirche, Hochaltar.

68 · Stifts- und Pfarrkirche Mattsee, Kanzel und Hochaltar.

69 · Stifts- und Pfarrkirche Mattsee, rechter Querschiffaltar.

70 · Dekanatskirche Köstendorf, Kanzel und Hochaltar.

71 · Wallfahrtskirche Maria Plain, Hochaltar und Seitenaltäre.

72 · Wallfahrtskirche Maria Bühel, Oberndorf, Hochaltar.

73 · Dekanatskirche Köstendorf, Kirchenschiff.

74 · Dekanatskirche Thalgau, Hochaltar.

75 · Dekanatskirche Bergheim, Hochaltar.

76 · Filialkirche Irrsdorf, Kirchenschiff.

77 · Filialkirche Irrsdorf, Hochaltar und rechter Seitenaltar.

78 · Filialkirche Kirchberg, Eugendorf.

79 · Filialkirche Waldprechting, Seekirchen.

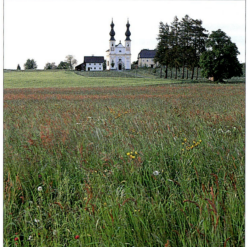

80 · Pfarrkirche Großgmain, Hochaltar.

81 · Wallfahrtskirche Maria Bühel.

82 · Pfarrkirche Obertrum, Deckendetail.

83 · Pfarrkirche Eugendorf, Hochaltar.

84 · Pfarrkirche Faistenau, Seitenaltar, Kanzel und Hochaltar.

85 · Mus. Großgmain, Rauchstube, Köstend., 16. Jh.

86 · Mus. Großgmain, Bauernhaus, Obernd., 1666.

87 · Mus. Großgmain, Bauernhaus, Adnet, 1862.

88 · Mus. Großgmain, Schulstube, Bergheim, 1799.

89 · Salzburger Freilichtmuseum Großgmain, Bauernhaus aus Bergheim, 1736.

90 · Salzburger Freilichtmuseum Großgmain, Bauernhaus aus Unterweißburg, Lungau, 18. Jh.

91 · Salzburger Freilichtmuseum Großgmain, Bauernhaus aus St. Martin am Tennengebirge, 1615.

92 · Wasserfall „In der Plötz", bei Ebenau.

93 · Kugelmühle, Untersbergmuseum Fürstenbrunn.

94 · Torfstich im Waldmoos, Maxdorf bei Bürmoos.

95 · Handwerkliche Brauanlage (zum Selbstbrauen), Brauerei Sigl, Obertrum.

96 · Ausstellungsraum, Museum „Agri-Cultur", Schleedorf.

97 · Historische Salzachbrücke (1902), zwischen Oberndorf und Laufen.

98 · Rauchhaus Mühlgrub, Küche und Stube, Hof bei Salzburg.

99 · Rest der ehemaligen Talsperre (1620) am Paß Glanegg, bei Grödig.

100 · Gotische Türflügel, Hl. Maria und Elisabeth, Filialkirche Irrsdorf.

101 · Tür, Bauernhaus aus Lamprechtshausen, 1798. Salzburger Freilichtmuseum Großgmain.

102 Stadelwand und Gehtür, aus Feldkirchen/Aich, 18. Jh., Freilichtmuseum Großgmain.

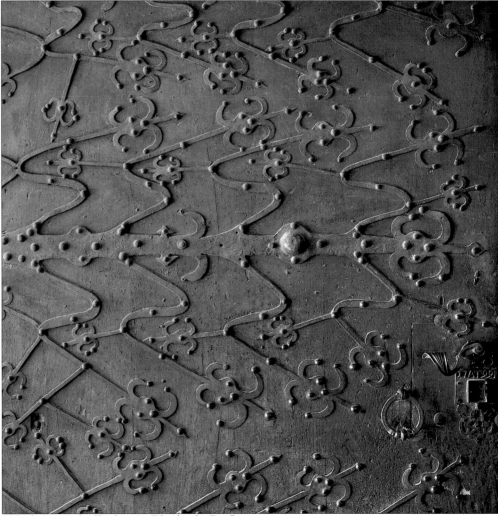
103 · Spätgotische Kirchentür, Pfarrkirche Dorfbeuern.

TENNENGAU

Seite 47 1 · Das Tennengebirge bei Abtenau.   Seiten 48–50 2 · Blick vom Roßfeld nach Osten. Die Berge (von links): Schlenken und Schmittenstein, Osterhorngruppe (Genner), Trattberg, dahinter das Gam

3 · Blick vom Roßfeld zum Untersberg.

4 · Blick vom Roßfeld zum Dachstein.

5 · Blick vom Roßfeld zum Dachstein.

6 · Blick vom Roßfeld zum Untersberg.

7 · Blick vom Roßfeld zum Untersberg.

8 · Blick von Gaißau zum Schmittenstein.

9 · Blick vom Trattberg zum Untersberg.

10 · Blick vom Gaisberg zum Hohen Göll und Tennengebirge.

11 · Blick vom Trattberg: Schwarzer Berg, Tennengebirge und Hochkönig mit Übergossener Alm (ganz hinten).

12 · Blick von der Zwieselalm zu den Radstädter Tauern.

13 · Blick von der Postalm-Straße zum Dachstein.

14 · Blick von der Gappenalm bei Lungötz zu den Radstädter Tauern.

15 · Blick vom Lienbachsattel (Postalm-Straße) zum Dachstein.

16 · Blick von der Zwieselalm über das Lammertal nach Nordwest, die Berge (von links): Tennengebirge, Hoher Göll, Schwarzer Berg und Untersberg.

17 · Blick von Wegscheid zum Tennengebirge.

18 · Blick vom Trattberg: Tennengebirge, Lammertal und Abtenau.

19 · Gosaukamm bei Annaberg.

20 · Blick von Seydegg (Postalm-Straße) nach Westen, Schwarzer Berg.

21 · Das Tennengebirge bei Abtenau.

22 · Blick von Rußbach zum Dachstein.

23 · Blick vom Trattberg zum Dachstein und Tennengebirge.

24 · Blick vom „Feuchten Keller" zum Dachstein und Tennengebirge.

25 · Blick vom Roßfeld nach Osten, die Berge (von links): Gamsfeld, Schwarzer Berg, Tennengebirge und die Ausläufer des Hohen Göll. Im Tal der Markt Golling bei der Mündung der Lammer in die Salzach.

26 · Blick von Seydegg über das Tal des Rußbachs zum Dachstein und Gosaukamm (Fühjahr).

27 · Blick von der Zwieselalm nach Westen zum Hohen Göll.

28 · Blick von der Zwieselalm nach Süden zu den Radstädter Tauern.

29 · Blick von Seydegg über das Tal des Rußbachs zum Dachstein und Gosaukamm (Herbst).

30 · Blick von Seydegg über das Tal des Rußbachs zum Dachstein und Gosaukamm (Sommer).

31 · Wiesenstück, bei Annaberg.

32 · Wiesenstück, bei Scheffau.

33 · Wiesenstück, in Seydegg.

34 · Wiesenstück, bei Golling.

35 · Die Salzach beim Paß Lueg.

36 · Der Golliger Wasserfall.

37 · Die Lammeröfen, bei Oberscheffau.

38 · Die „Römerbrücke" über den Tauglbach, bei Vigaun.

39 · Bauernhof, am Hang des Tennengebirges bei Abtenau.

40 · Bauernhof, bei Wegscheid (Postalm-Straße).

41 · Bauernhof, zwischen Hallein und Grödig.

42 · Bauernhof, zwischen Abtenau und Voglau.

43 · Blick vom Trattberg über das Lammertal zum Tennengebirge, dessen vordere Bergspitzen (von links): Kleiner und Großer Breitstein, Wieswand, Schwerwand und Rotwand.

44 · Eingangstor, Bauernhof bei Golling.

45 · Eingangstor, Bauernhof bei Golling.

46 · Bauernhof, Lindenthal bei Abtenau.

47 · Haustür, St. Koloman.

48 · Haustür, Vigaun.

49 · Bauernhof, bei St. Koloman.

50 · Bauernhof (Denkmalhof „Arlerhof"), Au bei Abtenau.

51 · Bauernhof, Seydegg.

52 · Salzachufer, Hallein.

53 · Hallein, Fassade, Kornsteinplatz.

54 · Hallein, Schöndorferplatz, Barmsteine (Hintergrund).
55 · Greißlerei, Pfarrgasse, Hallein.
56 · Geigenbauwerkstatt, Goldgasse, Hallein.

57 · Hallein, Schiemerstraße.
58 · Hallein, Unterer Markt.

59 · Golling, Burg.

60 · Golling, Marktstraße.

61 · Kuchl, Marktstraße.

62 · Abtenau, Marktplatz.

65 · Filialkirche St. Nikolaus Torren, Hochaltar.

63 · Pfarrkirche Kuchl, Kanzelaufgang, Handlauf.

64 · Pfarrkirche Kuchl, Westempore, Marmorsäulen.

66 · Filialkirche Georgenberg bei Kuchl, Empore.

67 · Pfarrkirche Abtenau, Konsolfigur.

68 · Filialkirche Scheffau am Tennengebirge, Hochaltar.

69 · Pfarrkirche Vigaun, Mittelschiff- und Chorgewölbe.

70 · Pfarr- und Wallfahrtskirche Dürrnberg, Hochaltar.

71 · Pfarrkirche Oberalm, Hochaltar.

72 · Pfarrkirche Golling, Mittelschiff- und Chorgewölbe.

73 · Filialkirche St. Margarethen bei Vigaun, Hochaltar.

74 · Pfarrkirche Puch bei Hallein, Seitenaltar.

75 · Filialkirche Georgenberg bei Kuchl, Hochaltar (Detail).

76 · Pfarrkirche Abtenau, Hochaltar (Detail).

77 · Pfarrkirche Puch bei Hallein, Seitenaltar.

78 · St. Jakob am Thurn, Wehrturm.

79 · Schloß Urstein, Puch bei Hallein.

80 · Schloß Rif, bei Hallein.

81 · Schloß Wiespach, bei Hallein.

82 · Marmorsteinbruch, Adnet.

83 · Salzbergwerk Hallein, historischer Abbau, Rutsche.

84 · Alte Mühle beim Gollinger Wasserfall, Golling.

85 · Annafest, Annaberg.

86 · Abfahrt eines Salzschiffs (1757), Fürstenzimmer, Keltenmuseum Hallein (ehem. Salinenverw.).

87 · Fossilien, Fischplatte (Wiestal bei Hallein), Museum Burg Golling.

88 · Erntedankfest, Lungötz.

89 · Rechtsaltertümer, Folterkammer, Museum Burg Golling.

90 · Pfarrkirche Puch bei Hallein, Grabstein (Detail).

91 · Wiese an der Postalm-Straße, bei Seydegg.

92 · Blick vom Gaisberg zum Tennengebirge.

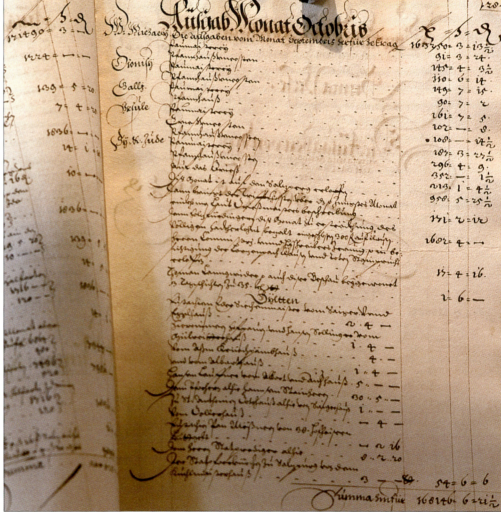
93 · Hallfahrtsbuch (Salztransporte per Schiff) des Salzverweseramts, ehem. Salinenverw. Hallein.

PINZGAU

3 · Landschaft beim Salzachursprung, Blick zum Gerlospaß.

4 · Der Speicher Durlaßboden, Wildgerlostal und Wildgerloskees.

5 · Beim Ausgang des Windbachtales ins Krimmler Achental.

6 · Das hintere Krimmler Achental.

7 · Obersulzbachtal, talauswärts.

8 · Untersulzbachtal, Blick zur Venediger-Gruppe.

9 · Habachtal, Talschluß und Habachkees.

10 · Hollersbachtal, Talschluß, Hochbirg und Vordermoos.

11 · Talboden im Ferleitental, Blick zur Glocknergruppe.

12 · Stubachtal, Blick über den Speicher Tauernmoossee talauswärts.

13 · Kaprunertal, Blick über den Speicher Wasserfallboden talauswärts.

14 · Amertal, Talschluß beim Nordportal des Felbertauerntunnels, Riegelkopf.

15 · Glocknerstraße, Blick über das Fuschertal zum Zeller See.

16 · Hüttwinkltal, Talschluß bei Kolm-Saigurn.

17 · Glocknerstraße, Blick von der Elendgrube über das Seidlwinkltal.

18 · Glocknerstraße, Blick von der Edelweißspitze zum Hochtor.

19 · Talschluß des Hüttwinkltals bei Kolm-Saigurn (von links): Sonnblick, Goldzechkopf und Hocharnkees.

20 · Blick vom Hundstein zum Hochkönig.

21 · Blick vom Hundstein zur Sonnblick-, Ankogel- und Hafnergruppe der Hohen Tauern.

22 · Blick vom Hundstein nach Südwest zum Salzachtal.

23 · Blick vom Hundstein über das Salzachtal zum Wolfbachtal und Fuschertal (rechts).

24 · Landschaft um den Großen Rettenstein, Blick vom Wildkogl über das obere Mühlbachtal.

25 · Landschaft bei Dienten, Hochkönig.

26 · Landschaft bei Schüttdorf, Blick über das Zeller Moos zum Kitzsteinhorn (Glockner-Gruppe).

27 · Torsee und Hinterglemmtal, im Hintergrund Leoganger Steinberge und Steinernes Meer.

28 · Landschaft bei Krimml (links im Talschluß) und Gerlosplatte-Hochkrimml (rechts).

29 · Landschaft bei Ruhgassing, Steinernes Meer.

30 · Landschaft bei Maria Alm, Steinernes Meer.

31 · Landschaft bei Saalfelden, Leoganger Steinberge.

32 · Gewitter über dem Salzachtal, bei Piesendorf.

33 · Äußeres Obersulzbachtal, Selchlahnerklamm.

34 · Seidlwinkltal, Spritzbach, beim Tauernhaus.

35 · Obersulzbachtal, Venedigergruppe (Geiger), Obersulzbachkees und Obersulzbach.

36 · Hollersbachtal, Wasserfälle im Talschluß.

37 · Felbertal, Schleierfall, beim Hintersee.

38 · Habachtal, Talschluß: Bergahorn (Wächter des Habachtales), Habach und Habachkees.

39 · Unterer Krimmler Wasserfall.

40 · Ferleitental, Wasserfall am Talboden unter dem Bratschenkopf.

41 · Krimmler Achental, Weißkarklamm, Weißkar, bei der Wildenspitze.

42 · Oberer Krimmler Wasserfall.

43 · Untersulzbachfall.

44 · Krokus, Almwiese, Krimmler Achental.

45 · Wiesenstück, auf der Höf bei Taxenbach.

46 · Wiesenstück, Salzachtal bei Bramberg.

47 · Soldanellen, Hochgebirgsboden bei der Elendgrube, Glocknerstraße.

48 · Bauernhof, Hundsdorf bei Rauris.

49 · Bauernhof, Neukirchen am Großvenediger.

50 · Bauernhof, Dorf bei Bramberg.

51 · Bauernhöfe, bei Wald im Pinzgau.

52 · Bauernhof, Mittersill.

53 · Bauernhof, Seidlwinkl, Wörth bei Rauris.

54 · Bauernhof, Salzachtal bei Krimml.

55 · Bauernhof, zwischen Neukirchen und Weyer.

56 · Bauernhof, Almdorf, bei Maria Alm.

57 · Bauernhof, Maria Alm.

58 · Bauernhof, Reith bei Lofer.

59 · Bauernhof, „Vögeigut", Walchen.

60 · Bauernhof, Wörth bei Rauris.

61 · Bauernhof, Salzachtal bei Lend.

62 · Bauernhof, Hirschbichl, St. Martin bei Lofer.

63 · Hinterthal, Steinernes Meer.

64 · Mittersill, Blick über das Salzach- ins Felbertal.

65 · Taxenbach, Salzachtal.

66 · Krimml, am Ausgang des Krimmler Achentals ins Salzachtal.

67 · Bucheben, Hüttwinkltal, bei Rauris.

68 · Unken, Saalachtal bei Lofer.

69 · Zell am See, Zeller See und Kitzsteinhorn.

70 · Hollersbach, am Ausgang des Hollersbachtales ins Salzachtal.   71 · Maria Alm, Steinernes Meer.   72 · Rauris, Rauristal.

73 · Blick vom Hundstein auf Maria Alm (rechts) und Saalfelden, Leoganger Steinberge.   74 · Krimml, Ausläufer der Zillertaler Alpen.

75 · Lofer, Marktplatz.

76 · Rauris, Voglmaierhaus (Gewerkensitz).

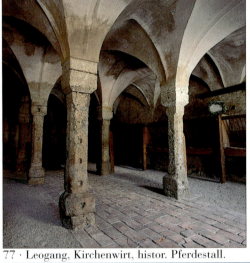
77 · Leogang, Kirchenwirt, histor. Pferdestall.

78 · Bauernschloß Labach, bei Stuhlfelden.

79 · Schloß Mittersill.

80 · Saalfelden, Schloß Lichtenberg (unten) und Einsiedelei (ganz links), Steinernes Meer.

81 · Burg Kaprun.

84 · Pfarrkirche Leogang, Hochaltar.

82 · Pfarrkirche Piesendorf, gotische Fresken.

83 · Pfarrkirche Rauris, Michaelskapelle.

85 · Pfarrk. St. Georgen/Bruck, got. Marmoraltar.

86 · Pfarrk. Zell am See, gotische Wandmalerei.

87 · Filialkirche Felben (Mittersill), Hochaltar.

88 · Stadtpfarrkirche Zell am See, Mittelschiff, spätgotisches Gewölbe der Westempore.

89 · Annakirche Mittersill, Hochaltar.

90 · Pfarrkirche Dienten, Hoch- u. Seitenaltar.

91 · Pfarrkirche Zell am See, Emporenbrüstung.

92 · Filialkirche Weyer, Hoch- und Seitenaltar.

93 · Pfarrkirche Maria Alm, Hochaltar.

94 · Pfarrkirche Maria Alm, Langhausgewölbe.

95 · Pfarrkirche Mittersill, Hochaltar, Seitenaltar und Kanzel.

96 · Werkzeuge zur Holzbearbeitung, Felberturm, Heimatmuseum Felben (Mittersill).

97 · Rauchküche, Heimatmuseum im Schloß Ritzen, Saalfelden.

100 · Bremsstrecke, Anlage des historischen Goldbergbaus, Kolm-Saigurn.

98 · Venezianersäge, Heimatmuseun Bramberg.

99 · Waldmanderl, Perchten, Stuhlfelden.

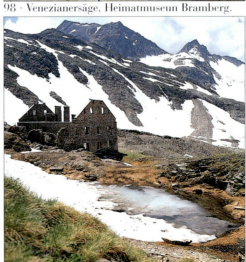

101 · Knappenhausruine, Goldberg, Kolm-Saigurn.

102 · Votivbilder, Wallfahrtsk. Maria Kirchenthal.

103 · „Tresterer", Schönperchten, Stuhlfelden.

104 · „Ranggeln" (Ringkampf), Gipfel des Hundstein, bei Maria Alm.

105 · Wallfahrtskirche Maria Kirchenthal, St. Martin bei Lofer.

106 · Blick vom Hundstein zu den Leoganger und Loferer Steinbergen.

107 · Schafherde, Ebmatten, an den Hängen des Kitzsteinhorns, Kaprun.

108 · Almabtrieb, Hollersbachtal.

111 · Bauernmühle, bei Neukirchen am Großvenediger.

109 · Almabtrieb, Krimml.

110 · Feuerstelle, Moaralm, Habachtal.

112 · Mahlstube, Bauernmühle in Embach.

113 · Moaralm, Habachtal.

114 · Herbstlicher Viehtrieb von Almen im Krimmler Achental über das Windbachtal und den Krimmler Tauernpaß ins Ahrntal (Südtirol).

115 · Hl. Nepomuk, Dorfplatz, Piesendorf.

116 · Obersulzbachtal, Aufstieg zur Kürsinger Hütte, Venedigergruppe (Geiger).

117 · Alm im Hollersbachtal.

118 · Historisches Bauernhaus, Detail, Seidlwinkl.

PONGAU

3 · Landschaft zwischen Roßbrand und Hohem Dachstein.

4 · Oberhofalm und Bischofsmütze.

5 · Landschaft im Salzachtal bei Bischofshofen, Blick zum Tennengebirge.

6 · Das Taurachtal, Richtung Radstädter Tauernpaß.

7 · Blick vom Hochkeil zum Tennengebirge.

8 · Das Saukar am Hochkail, Hochkönig.

9 · Almboden und Mandlwand (beim Arthur-Haus), Hochkönig.

10 · Almboden und Mandlwand (beim Arthur-Haus), Hochkönig.

11 · Das Saukar am Hochkail, Mandlwand des Hochkönigmassivs und Tennengebirge (rechts hinten).

12 · Kleinarltal, Blick vom Tappenkarsee über den Jägersee zum Tennengebirge.

13 · Großarltal, Landschaft bei Hüttschlag, talauswärts.

14 · Blühnbachtal, Schloß Blühnbach, Steinernes Meer und Hagengebirge.

15 · Salzachtal zwischen St. Johann im Pongau und Bischofshofen, Tennengebirge.

16 · Blick über das Salzachtal zwischen Schwarzach-St. Veit und St. Johann im Pongau und die Dientner Berge zum Hochkönig.

17 · Landschaft bei Werfenweng, Tennengebirge.

18 · Oberes Lammertal, bei Lungötz, Tennengebirge.

19 · Landschaft bei Lehen, Tennengebirge.

20 · Landschaft zwischen Werfen und Werfenweng, Tennengebirge.

21 · Das Salzachtal zwischen Hagengebirge (links) und Tennengebirge bei Tenneck, Blick zum Paß Lueg.

22 · Tappenkar, Tappenkarsee.

23 · Johannesfall, beim Radstädter Tauernpaß.

24 · Liechtensteinklamm, bei St. Johann im Pongau.

25 · Talboden bei Hüttschlag, Großarltal.

26 · Steilhang am Hundeck, bei Hüttschlag.

27 · Wiesenstück, bei Flachau.

28 · Wiesenstück, zwischen Untertauern und Radstadt.

29 · Wiesenstück, zwischen Dienten und Lend.

30 · Straßenböschung, bei Schloß Schernberg.

31 · Wiesenstück, bei Wagrain.

32 · Wohnhausdetail, Großarl, Großarltal.

33 · Bauernhof, bei Untertauern, Taurachtal.

34 · Bauernhof, bei Kleinarl, Kleinarltal.

35 · Ehemaliger Zehenthof, Reitdorf, Flachau.

36 · Bauernhof (12. Jh.), Feuersang, Flachau.

37 · Bauernhof, bei Bad Dorfgastein, Gasteinertal.

38 · Bauernhof, bei Untertauern, Taurachtal.

39 · Bauernhof, bei Goldegg, Dientner Berge.

40 · Bauernhof, bei Wolfau, Großarltal.

41 · Bauernhof (1696), See, Talschluß des Großarltals.

42 · Bauernhof, bei Niederaigen, Großarltal.

43 · Bauernhof (17./18. Jh.), Hinterkleinarl, Kleinarltal.

44 · Bauernhof, bei Bach, Großarltal.

45 · Bauernhof, zwischen Untertauern und Radstadt, Taurachtal.

46 · Bauernhof, Blühnbachtal.

47 · Bauernhof, bei Hüttschlag, Großarltal.

50 · Hüttschlag, Großarltal, Hafner-Gruppe der Tauern.

48 · Gasthaus, Dorfgastein.

49 · Wohnhaus, Goldegg.

51 · Gasteiner Ache, Badgastein.

52 · Bauernhof (18. Jh.), Reitdorf.

53 · Badgastein, Gasteiner Tal, Goldberg- und Ankogel-Gruppe der Tauern.

54 · Radstadt, Stadtpfarrkirche und Stadtmauer (1534).

55 · Filzmoos, Abhänge des Gosaukamms.

56 · St. Veit, bei Schwarzach im Pongau.

57 · Mühlbach am Hochkönig

58 · St. Johann im Pongau.

59 · Dekanatskirche Pfarrwerfen, gotischer Altar. 60 · Pfarrkirche Bischofshofen, Fresken, 17. Jh.

61 · Dekanatskirche Altenmarkt, Mittelschiff. 62 · Nikolauskirche Badgastein, gotische Fresken. 63 · Pfarrkirche Badgastein, gotische Madonna.

64 · Dekanatskirche Pfarrwerfen, Mittelschiff. 65 · Stadtpfarrkirche Radstadt, Mittelschiff.

66 · Pfarrkirche Bischofshofen, gotisches Kreuz- und Netzrippengewölbe.   67 · Nikolauskirche Badgastein, gotisches Netzrippengewölbe.

68 · Pfarrkirche St. Veit im Pongau, gotisches Kreuz- und Netzrippengewölbe.   69 · Pfarrkirche Bad Hofgastein, gotisches Sternrippengewölbe.

70 · Pfarrkirche Bischofshofen, Hochaltar.

71 · Pfarrkirche Bad Hofgastein, Hochaltar, Kanzel und Seitenaltar.

74 · Pfarrkirche St. Veit im Pongau, Hochaltar.

72 · Dekanatsk. Pfarrwerfen, Prozessionsmadonna.

73 · Pfarrkirche Großarl, Hochaltar.

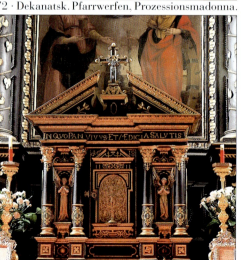
75 · Frauenkirche Bischofshofen, Altardetail.

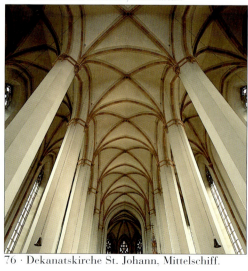
76 · Dekanatskirche St. Johann, Mittelschiff.

77 · Burg Goldegg, Rittersaal, Holzverkleidung mit Temperamalerei (um 1500).

78 · Burg Goldegg, Rittersaal, Hl. 3 Könige und Ansicht von Goldegg, Ölbild (17. Jh.).

79 · Schloß Schernberg, Schwarzach im Pongau.

80 · Burg Hohenwerfen, Rüst- u. Waffenkammer.

81 · Burg Hohenwerfen, Bastei.

82 · Weitmoserschlössl, Bad Hofgastein.

83 · Burg Hohenwerfen, Hagengebirge.

131

84 · Erntedankfest, St. Martin am Tennengebirge.

85 · Almabtrieb, Wagrain, Kleinarltal.

86 · Perchtenlauf (Schiachperchten), Bad Hofgastein.

87 · Perchtenlauf (Schönperchten, Tafelperchten), Bad Hofgastein.

88 · Erntedankfest und Einkleidungsfeier des Pongauer Schützenkurats, Altenmarkt.

89 · Erntedankfest und Einkleidungsfeier des Pongauer Schützenkurats, Altenmarkt.

90 · St. Johanner Perchtenlauf (Schiachperchten), St. Johann im Pongau.

91 · St. Johanner Perchtenlauf (Schönperchten, Tafelperchten), St. Johann im Pongau.

92 · Wohnhaus „Pritzenhaus"(urspr. 1526), Altenmarkt.

93 · Wohnhaus (Mitte 18. Jh.), Heimatmuseum, Altenmarkt.

94 · Wohnhaus, Goldegg.

95 · Heimatmuseum Burg Goldegg, bäuerliches Ehebett (Ende 18. Jh.).

96 · Schützenscheiben, Reitlehen, Reitdorf, Flachau.

97 · „Alte Wacht", Maut- und Zollstelle (1680) am Talausgang des Großarltals.

98 · Heimatmuseum Burg Goldegg, Wäschekasten mit Ausstattung (ca. 1640).

99 · Naturdenkmal Eisriesenwelt (eine der größten Eishöhlen der Welt), Werfen.

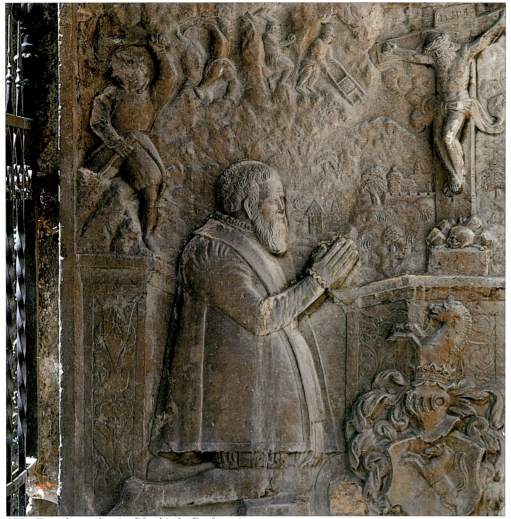

100 · Gewerkengrabstein, Pfarrkirche Dorfgastein.

101 · Bemalte Holzvertäfelung (um 1500), Rittersaal Burg Goldegg.

102 · Fassadendetail, Wohnhaus, Großarl.

103 · Gotischer Türbeschlag, Pfarrkirche St. Veit im Pongau.

LUNGAU

3 · Der Lungauer Kessel zwischen St. Andrä und Mauterndorf.

4 · Der Lungauer Kessel, Blick gegen Mauterndorf, Hafnergruppe (links) und Speiereck.

5 · Landschaft bei Mauterndorf, Zehnerkar, Gensgitsch und Gummaberg/Kreuzhöhe (von links).

6 · Blick vom Speiereck über das Thomatal zu den Nockbergen.

ockberge, Aineck, die Hafnergruppe mit dem Hafner und das Speiereck oberhalb Mauterndorf.

7 · Blick von der Fanninghöhe zum Preber, Schladminger Tauern.

8 · Blick von der Karneralm zu den Schladminger Tauern.

9 · Blick vom Mitterberg über Mariapfarr zu den Schladminger Tauern.

10 · Blick über Unterberg (Murtal) und den Mitterberg zu den Schladminger Tauern.

11 · Der Tamsweger Kessel (von links) Tamsweg (Wallfahrtskirche St. Leonhard), das Murtal und die Burg Moosham, der Mitterberg, die Talweitung an der Taurach und Burg und Markt Mauterndorf.

12 · Landschaft im Murwinkel, Murursprung.

13 · Lignitztal, Blick zum Talschluß.

14 · Weißpriachtal, bei der Lahnbrücke talauswärts.

15 · Göriachtal, Almhüttendorf.

16 · Blick vom Abhang des Ainek bei der Kösselbacheralm über den Tamsweger Kessel zu den Schladminger Tauern.

17 · Landschaft beim Unteren Rotgülden See, Hafner.

18 · Landschaft beim Kareck, Katschberg.

19 · Weißpriachtal bei der Ulnhütte, Hundstein.

20 · Blick vom Weg zur Granglitzalm zum Hocheck, Göriachtal.

21 · Blick vom Greinwald bei Pichlern zu den Schladminger Tauern.

22 · Talschluß des Weißpriachtals.

23 · Almboden im Murwinkel (Murursprung), Schafe am Reicheschkogel.

24 · Landschaft in Haiden, Preber, bei Tamsweg.

25 · Blick vom Weißpriachtal ins Znachtal.

26 · Das Almhüttendorf der Granglitzalm am Hang des Gummabergs, oberhalb Göriach.

27 · Roßfall, Murwinkel.

28 · Zaponitzengraben, Hintermuhr.

29 · Wasserfall zwischen Oberem und Unterem Rotgüldensee.

30 · Talschluß des Riedingtales, Riedingbach.

31 · Gschlechertgraben, Hintermuhr.

32 · Die Mur, hinterer Murwinkel nahe der Sticklerhütte.

33 · Prebersee, Preber.

34 · Wasserfall vom Lanschfeld, Göriachtal.

35 · Wiesenstück, bei Lintsching.

36 · Wiesenstück, bei Lessach.

37 · Almboden, Talschluß Weißpriachtal.

38 · Wiesenstück, bei Sauerfeld.

39 · Wiesenstück, bei der Ulnhütte, Weißpriachtal.

40 · Bauernhausdetail, Lintsching.

41 · Stadelluke, bei Thomatal.

42 · Bauernhof, zwischen Schellgaden und Muhr.   43 · Stadelluke, Oberbayrdorf.   44 · Bauernhof und Kasten, Lintsching.

45 · Bauernhhof, Lessach.   46 · Bauernhof, bei Lessach.

47 · Stadelluke, bei Ramingstein.

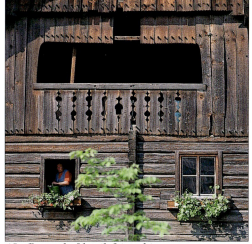
48 · Bauernhofdetail, Lintsching.

49 · Bauernhof, Lintsching.

50 · Stadelluke, Muhr.

51 · Bauernhöfe in Jedl, Hintermuhr.

52 · Bauerngut „Gambshof", ehemaliger Zehenthof (17. Jh.), bei Lessach.

53 · Bauernhof, Wölting.

54 · Kornkasten, 1713, Taurachtal bei Tweng.

55 · Kornkasten, 1742, Zankwarn bei Mariapfarr.

58 · Kornkasten, 1787, Lasaberg, bei Tamsweg.

56 · Kornkasten, 1793, St. Rupert, Weißpriach.

57 · Kornkasten, 1761, St. Andrä.

59 · Kornkasten, 18. Jh., Pichlern.

60 · Kornkasten, 1649, Jedl, Hintermuhr.

61 · Lessach, Lessachtal und Kreuzhöhe, Schladminger Tauern.

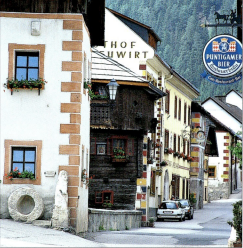

62 · Mauterndorf, Hauptstraße.

63 · Ramingstein, Schloß Wintergrün.

64 · St. Margarethen im Lungau.

65 · Tamsweg, Marktplatz, Relief (18. Jh.).

66 · Seethal, „Klause", historische Talsperre.

67 · Blick von St. Leonhard auf Tamsweg.

68 · Thomatal, im Thomatal.

69 · Mariapfarr, Taurachtal.

70 · Muhr, Murtal.

71 · Mauterndorf, dahinter die Fanninghöhe.

72 · St. Ruprecht, bei Weißpriach.

75 · Pfarrkirche Tamsweg, Hochaltar.
73 · Weißpriach, St. Ruprecht, roman. Malerei.
74 · Tamsweg, Wallfk. St. Leonhard, Türbeschlag.
76 · Tamsweg, Wallfk. St. Leonhard, Glasfenster.
77 · Filialk. St. Martin, Wandmalerei (um 1400).

78 · Filialkirche St. Andrä, Kanzel, Seiten- und Hochaltar.
79 · Mauterndorf, Filialkirche St. Gertraud, Kirchenschiff.

80 · Pfarrk. St. Michael, Wandmalerei (13. Jh.).

81 · Tamsweg, Wallfk. St. Leonhard, Betstuhl.

82 · Tamsweg, Wallfk. St. Leonhard, Marienaltar.

83 · Pfarrk. Mariapfarr, Wandmalerei (um 1430).

84 · Burg Mauterndorf, Burgkapelle, Wandmalerei (14. Jh.), Flügelaltar (15. Jh.).

85 · Pfarrkirche Mariapfarr, Mittelschiff.

86 · Tamsweg, Wallfahrtskirche St. Leonhard, Kirchenschiff.

87 · Rauchküche und Milchkammer, Denkmalhof „Maurerhaus", Zederhaus.

88 · Historischer Wohnraum, Schloß Moosham, Unterberg.

89 · „Keutschachzimmer", 1513, Burg Mauterndorf.

90 · Ehemaliger Schüttkasten, Schloß Moosham (Schauraum Wagenburg), Unterberg.

91 · Vertäfelte Stube, 1572, Zechnergut, Göriach.

92 · Lungauer Landschaftsmuseum, Burg Mauterndorf.

93 · Hochofenmuseum Bundschuh, Thomatal.

94 · Webstuhl und Geräte zur Flachsverarbeitung, Heimatmuseum Tamsweg.

97 · Fronleichnamsumgang, St. Margarethen im Lungau.

95 · Prangtag, Detail, Zederhaus.

96 · Handweberei, Sauerfeld.

98 · Straßenaltar, Fronleichnam, Mauterndorf.

99 · Taurachbahn, Bahnhof Mauterndorf.

100 · Samsonumzug, Samsontreffen, Mauterndorf.

101 · Samsonumzug, Marktplatz Tamsweg.

102 · Prangtag, Zederhaus.

103 · Prangstangen, Pfarrkirche Zederhaus

104 · Prangstangen, Pfarrkirche Muhr.

105 · Einbringen der Prangstangen (am Vorabend des Prangtages), Muhr.

106 · Wurzelstock, Hintermuhr, Weg zum Murursprung.

107 · Sakristeitür, Wallfahrtskirche St. Leonhard, Tamsweg.

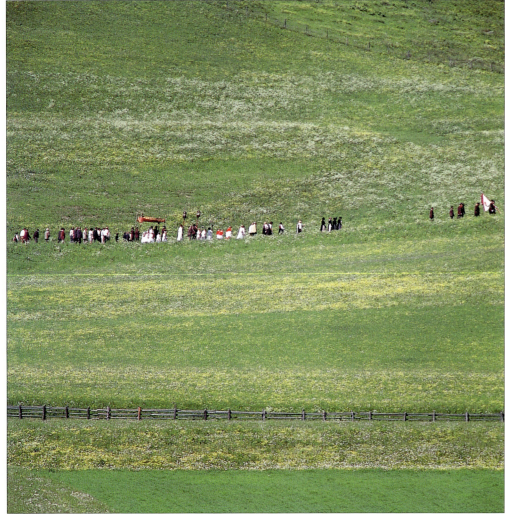

108 · Frohnleichnamsumzug, Mauterndorf.

109 · Ehemaliges Knappenhaus, Ramingstein.

STADT SALZBURG

Seite 167 1 · Blick vom Kapuzinerberg über Salzach und Altstadt zur Festung Hohensalzburg.   Seiten 168–170 2 · Teilpanorama der Stadt Salzburg (von links): Kapuzinerberg und Kapuzinerkloster, davor

3 · Festung Hohensalzburg, von der Hofhaymer Allee aus.

4 · Festung Hohensalzburg, von der Universität (Hellbrunner Straße) aus.

5 · Festung Hohensalzburg, von der Leopoldskronstraße aus.

6 · Festung Hohensalzburg, von der Hofhaymer Allee aus.

7 · Altstadt, vom Mönchsberg aus.

8 · Altstadt, St. Peter, von der Festung aus.

9 · Nonntal, Pfarrkirche St. Erhard, vom Nonnberg aus.

10 · Altstadt, vom Mönchsberg aus.

11 · Blick auf die Altstadt und Hohensalzburg, die Kirchen (von links): Kajetanerkirche (davor Rathausturm), Nonnberg, Dom, Kollegien- und Franziskanerkirche, St. Peter, Bürgerspitalkirche (ganz rechts).

12 · Blick vom Kapuzinerberg zur Festung.

13 · Blick vom Mönchsberg, Kapuzinerkloster, Salzach, Altstadt und Hohensalzburg.

14 · Blick vom Salzachufer beim Elisabethkai zur Altstadt und Hohensalzburg.

15 · Blick vom Kapuzinerberg über die Salzach, Stift Nonnberg und Hohensalzburg.

16 · Blick von Hohensalzburg (von links): Erzabtei St. Peter, Franziskanerkirche, dahinter Kollegienkirche, Domplatz, Dom, Kapitelplatz, Erzbischöfliches Palais und dahinter das Residenz-Neugebäude.

17 · Blick vom Mönchsberg zum Kapuzinerberg.

18 · Blick vom Rathausturm zum Kapuzinerkloster.

19 · Blick vom Kapuzinerberg über Mozartsteg und Residenzplatz zum Dom.

20 · Müllner Hauptstraße und Pfarrkirche Mülln.

21 · Alter Markt, Blick zum Kranzlmarkt.

22 · Residenzplatz, Residenzbrunnen, Michaelskirche, Mozartplatz, Mozartdenkmal u. Neue Residenz.

23 · Domplatz, Mariensäule.

24 · Universitätsplatz, Ritzerbogen, Wiener-Philharmonikergasse und Kollegienkirche.

25 · Herrengasse, bei der Kaigasse.

26 · Brodgasse, beim Alten Markt.

27 · Linzer Gasse, stadteinwärts.

28 · Goldgasse, gegen die Domkirche.

29 · Augustinergässchen, stadtauswärts.

30 · Blick vom Bürgerspitalplatz in die Getreidegasse.

31 · Steingasse, stadtauswärts.

32 · Innenhof, Waagplatz, Trakl-Gedenkstätte.

33 · Mozarts Geburtshaus, Ansicht vom Universitätsplatz.

34 · Ehemaliges Bürgerspital, Hof.

35 · Passage Getreidegasse-Universitätsplatz.

36 · Passage Getreidegasse-Universitätsplatz.

37 · Passage Getreidegasse-Universitätsplatz.

38 · Sigmund-Haffner-Gasse, Rathaus (Kranzlmarkt).

39 · Blick vom Glockenspiel (Turm der Neuen Residenz) auf den Residenzplatz.

40 · Pferdeschwemme, Festspielhaus.

41 · Kapitelschwemme, Festung Hohensalzburg.

42 · Festung Hohensalzburg, Burghof und Inneres Schloß.

43 · Festung Hohensalzburg, Inneres Schloß, Fürstenzimmer, Goldene Stube.

44 · Fürstenzimmer, Goldene Stube, Vertäfelung.

45 · Fürstenzimmer, Großer Saal, Portal.

46 · Fürstenzimmer, Goldene Stube, Portalbekrönung.

47 · Fürstenz., Goldene Stube, Sitzbank, Detail.

48 · Fürstenzimmer, Großer Saal, Marmorsäulen.

49 · Inneres Schloß, Feuergang (Ringe für Löschkübel im Gewölbe).

50 · Fürstenzimmer, Großer Saal.

51 · Burgmuseum, Kachelofen, Inneres Schloß.

52 · Burgmuseum, Waffensammlung.

53 · Burgmuseum, Handfeuerwaffen.

54 · Burgmuseum, Schandmasken.

55 · Fürstenzimmer, Goldene Stube, spätgotischer Kachelofen, Teilansicht.

56 · Fürstenzimmer, Goldene Stube, Schnitzwerk und Wandvertäfelung.

57 · Festung Hohensalzburg, Blick von der Kuenburgbastei zum Schloß Freisaal.

60 · Residenz, Karabinierisaal.

58 · Residenz, Konferenz- o. Ratsherrenzimmer.

59 · Residenz, Schöne Galerie, Deckenmalerei.

61 · Residenz, Karabinierisaal, Deckenfresko.

62 · Neue Residenz, Max-Gandolf-Bibliothek.

63 · Residenz, Antekamera.

64 · Residenz, Schöne Galerie.

65 · Mirabellgarten, Pegasus.

66 · Neue Residenz, Gloriensaal, Decke.

67 · Neue Residenz, Feldherrensaal, Decke.

68 · Mirabellgarten, Zwerglgarten.

69 · Neue Residenz, Ständesaal, Decke.

70 · Schloß Mirabell, Stiegenhaus.

71 · Schloß Mirabell, Marmorsaal.

72 · Schloß Hellbrunn, Fürstenzimmer.

73 · Franziski-Schlößl, Kapuzinerberg.

75 · Hellbrunn, Ziergarten, Monatsschlößchen.

76 · Hellbrunn, Ziergarten, Hauptweiher, Insel.

74 · Schloß Hellbrunn, Fürstenzimmer, Oktogon (Eckpavillon).

77 · Schloß Hellbrunn, Lustgarten, Römisches Theater.

78 · Schloß Hellbrunn, Festsaal.

79 · Schloß Kleßheim, Wals-Siezenheim.

80 · Chiemseehof, Kupferstichkabinett.

81 · Robinighof (Rokoko-Landsitz), Schallmoos.

82 · Schloß Leopoldskron, Leopoldskroner Teich.

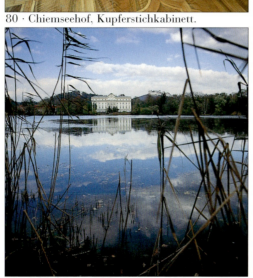
83 · Schloß Leopoldskron, Bibliothek.

84 · Schloß Leopoldskron, Festsaal.

85 · Schloß Leopoldskron, Venezianisches Zimmer.

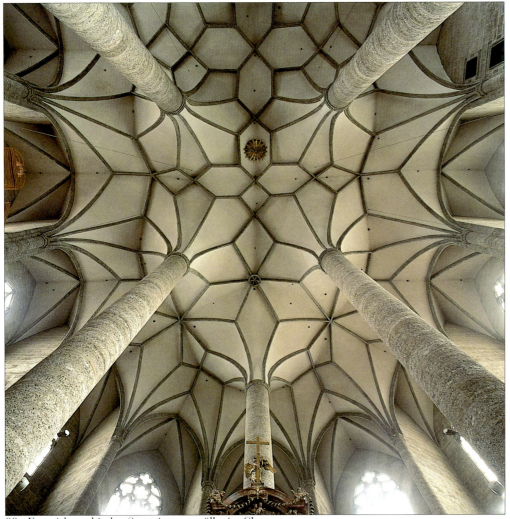

86 · Petersfriedhof, „Katakomben".

87 · Domkirche, romanisches Taufbecken.

88 · Franziskanerkirche, Sternrippengewölbe im Chor.   89 · Franziskanerk., Kanzelaufgang, rom. Löwe.   90 · Erzabtei St. Peter, Brunnenhaus.

91 · Benediktinerinnen-Abtei Nonnberg, Stiftskirche, Krypta.   92 · Stiftskirche Nonnberg, Kirchenschiff, Blick zum Nonnenchor.

93 · Stiftskirche St. Peter, Hauptportal.

94 · Bürgerspitalkirche, got. Sakramentsschrein.

95 · Stiftskirche Nonnberg, Hochaltar.

96 · Stiftskirche St. Peter, Hl. Vitalis.

97 · Domkirche, Kuppelgewölbe.

98 · Stiftskirche St. Peter, linke Mittelschiffseite und Hochaltar.

99 · Domkirche, Mittelschiff, Kuppel und Chor.

102 · Pfarrkirche Mülln, Hochaltar.

100 · Pfarrkirche Mülln, Seitenkapelle.

101 · Loretokirche, „Salzburger Kindl".

103 · Ehem. Ursulinenk. (Markusk.), Kuppel.

104 · Pfarrkirche Morzg, gotischer Flügelaltar.

105 · Kollegienkirche, linker Querschiffaltar.

106 · Ehemalige Bürgerspitalkirche, Kirchenraum.

107 · Pfarrkirche Gnigl, Hochaltar.

108 · Dreifaltigkeitskirche, Hochaltar, Detail.

109 · Ehemalige Kajetanerkirche, Hochaltar.

110 · Pfarrkirche St. Erhard, Kuppel.

111 · Franziskanerkirche, Hochaltar.

112 · Sebastianskirche, Schmiedeeisengitter (18. Jh.).

113 · Kollegienkirche, Hochaltar.

114 · Kindertheater, Spielzeugmus., Bürgerspital.

115 · Prunkmöbel, Volkskundemus., Hellbrunn.

116 · Theaterfiguren (u.a. Pimperln), Spielzeugmuseum, ehem. Bürgerspital, Bürgerspitalgasse.   117 · Bärenhöhle, Haus der Natur.   118 · Petersfriedhof, Residenzgalerie, Gemäldes.

119 · Saurier, Haus der Natur, Museumsplatz.   120 · Mozart Gedächtnisstätte, Mozarts Wohnhaus, Makartplatz.

121 · Barockplastik und -Malerei, Dommuseum.

122 · Buchmalerei, Erzabtei St. Peter.

123 · Tafelbild, Schauräume, Carolino Augusteum.

124 · Dommuseum, Schauräume, got. Relief.

125 · Erzabtei St. Peter, Bibliothek.

126 · Dommuseum, Schatzkammer.

127 · „Goldegger Stube" (Goldegg 1606), Salzburger Museum Carolino Augusteum.

128 · Christkindlmarkt, Domplatz.

129 · Stieglbrauerei, „Brauwelt", Ausstellung über die Welt des Bieres.

130 · Sebastiansfriedhof, Arkadengang.

131 · Gasthausgarten, Sternbräu.

132 · Universitätsplatz, Markt und Kollegienkirche.

133 · „Zauberflöte", Salzburger Festspiele, Felsenreitschule.

134 · Alte Hofapotheke, Alter Markt.

135 · „Jedermann", Salzburger Festspiele, Domplatz.

136 · Kutschen und Gäste, Residenzplatz.

137 · Mozart-Kugeln, Konditorei Fürst, Ritzerbogen.

138 · „Jedermann", Salzburger Festspiele, Domplatz.

139 · Familiengräber, Petersfriedhof.

INFORMATIONEN ZU DEN BILDERN

Die Seiten des Informationsteils sind oben
mit den Seitenzahlen des entsprechenden
Abschnitts im Bildteil gekennzeichnet.
Über den einzelnen Titeln stehen die Nummern
der besprochenen Abbildungen.
Die Texte fassen Bildgruppen und zueinander
in Beziehung stehende Einzelbilder für eine
gemeinsame Erläuterung zusammen.
Nicht alle Abbildungen oder
Themengruppen des Bildteils
werden besprochen.

Bildteil Seiten 17 bis 46 · Flachgau

Landschaft bei Maierhof, Blick über die Wiesen nördlich des Wallersees zu den Salzburger Kalkalpen.

Wallersee, im Flachgauer Moränengebiet, Blick über das moorige Nordufer zum Untersberg und Watzmann.

Südorientierter, erweiterter Flachgauer Einhof; Einzelhof in typischer Höhenlage, Hof bei Henndorf.

Mattsee, zwischen Obertrumer und Mattsee; Schloß und Schloßberg, Turm der Stiftskirche und Wartstein.

2–19, 21, 23, 24, 26–29, 57, 59–61

Die Landschaften des Flachgaus.

Der Flachgau mit der Landeshauptstadt Salzburg, der nördlichste Teil des Bundeslandes, ist in seiner landschaftlichen Erscheinungsform aus den Jahrmillionen wirkenden Schürfungen der zungenförmig aus dem Gebirge nach Norden schiebenden Eismassen des Salzachgletschers entstanden. Seine im westlichen Teil durchwegs sanftwelligen Moränenlandschaften sind mit allen typischen Attributen dieser eiszeitlichen Formung ausgestattet: von den Eiszungen beschürfte, vereinzelte Flyschberge, wie zum Beispiel der Haunsberg, der Buch- und der Tannberg, die Große Plaike, der Irrs- und der Kolomansberg und Seen mit geringer Tiefe (etwa 40 Meter) als Reste des nach dem Abschmelzen des Gletschers im Salzburger Becken gebildeten großen Sees. Im nordwestlichsten Teil des Flachgaus, an der Grenze zu Oberösterreich, besteht mit dem Waidmoos ein Anteil am Ibmer Moos, dem größten Moorgebiet Österreichs, das als Versumpfungsmoor des großen nacheiszeitlichen Sees entstanden ist. Wirklich ebenes Land liegt im Flachgau eigentlich nur in den Beckenlandschaften entlang der Uferbereiche von Salzach und Saalach, sonst besteht vom sanftwelligem, von der landwirtschaftlichen Nutzung geprägten Hügelland bis zum Bergland das ganze Spektrum österreichischer Landschaftsformen. Der tiefste Punkt (383 Meter) liegt an der Salzach im Nordwesten, der höchste (2028 Meter) südöstlich am Gamsfeld. Alpine Zaunpfähle bilden auch der Schafberg im Osten und der Gais- und Untersberg im Westen, alles Aussichtsberge, in der schon zu den Kalkvoralpen zählenden südöstlichen Zone des Flachgaus. Den Kontrast zu den nordwestlichen Moorgebieten bei Bürmoos – viele der in der Landschaft verstreuten unterschiedlich großen Moore sind wegen künstlicher Entwässerung verschwunden – bilden die ausgedehnten, leicht verkarsteten Almböden (Postalm, zweitgrößtes Almgebiet Mitteleuropas) in den nördlichen Bergen der Osterhorngruppe. Das niederschlagsreiche, fruchtbare, im nördlichen Bereich besonders an den Hängen der vereinzelten Flyschberge und im an das Salzburger Becken anschließende Kalkvoralpenbereich waldreiche Territorium war als erster der Salzburger Landbezirke besiedelt und hat heute deren höchste Bevölkerungsdichte. Der Flachgau ist weitgehend ident mit dem Bezirk Salzburg-Umgebung, sein Name wird dem landschaftlichen Erscheinungsbild nur teilweise gerecht.

1, 2, 4, 5, 7, 10, 12, 15, 16, 20, 25, 58, 60

Seen und Gewässer im Flachgau.

Der durchaus nicht einheitlich sanftwelligen Landschaft des Flachgaus entspricht auch die Charakteristik seiner Gewässer. Die seichten, oft von Verlandungsmooren gesäumten Seen des Vorlands, Wallersee, Obertrumer See, Mattsee, Grabensee und die Egelseen, unterscheiden sich nicht nur in Uferform und Tiefe von den sechs im gebirgigen Bereich liegenden Gewässern, von denen der Wolfgang-, Fuschl- und Hintersee die größten sind. Der im Moränengebiet des nördlichen Flachgaus gelegene **Wallersee** ist mit 6,4 km² der größte See des Salzburger Alpenvorlands. Er ist nur 23 Meter tief und bildet mit den im Bereich der Ortschaften Seekirchen, Henndorf und Neumarkt bestehenden Freizeiteinrichtungen eines der beliebtesten Naherholungsgebiete der Stadt Salzburg. Die **Trumer Seen**, der Obertrumer See, 4,9 km² groß und 35 Meter tief, der Mattsee (Niedertrumer See), 3,6 km² groß und 40 Meter tief und der nur 1,3 km² große, 13 Meter tiefe Grabensee bilden mit den Orten Obertrum, Seeham und Mattsee ein Zentrum des Sommerfremdenverkehrs. Im zu den Kalkvoralpen gehörenden Teil des Flachgaus, dem „Salzburger Salzkammergut", liegen fast alle der wenigen Talseen, die dem Land Salzburg von der Eiszeit (hier als Produkte des Trauntgletschers) hinterlassen wurden. Der **Wolfgang- oder Abersee**, 13,5 km² groß und 114 Meter tief, ist durch Schiffsverkehr erschlossen. Die Seefläche gehört bis auf einen schmalen ab St. Wolfgang nach Osten reichenden oberösterreichischen Streifen zum Salzburger Gebiet. Der von einer Zahnradbahn von St. Wolfgang aus erschlossene Schafberg (1782 Meter) und das über eine Seilbahn von St. Gilgen erreichbare Zwölferhorn erlauben einen großartigen Rundblick. Das vom Zinkenbach mitgenommene Geschiebe hat den sonst bis zu 1,9 Kilometer breiten See bei Reith auf 250 Meter eingeschnürt. Badeorte auf Salzburger Gebiet sind St. Gilgen am Westende und Strobl am Ostende des Sees. Zwischen dem Wolfgangsee und der Stadt Salzburg liegt der 2,7 Quadratkilometer große **Fuschlsee**, ein 66 Meter tiefer Badesee mit einem Sandstrand im Bereich des Fremdenverkehrsorts Fuschl am Ostufer. Der **Hintersee**, in der waldreichen Mittelgebirgslandschaft der westlichen Osterhorngruppe, ist ein mit den Wiestal-Stauseen zur Stromerzeugung genutzter Talsee und durch den Almbach und die pittoreske, tiefe Strubklamm (längste Klamm Mitteleuropas) mit diesen verbunden.

38–56

Bodenständiges Bauen.

Historische Hauslandschaften (Gebiete mit Überwiegen bestimmter Hausformen) charakterisieren auch heute noch, wenn auch mit durch den Rückgang der bäuerlichen Bevölkerung schwindender Bedeutung, den ländlichen Raum. Je nach den örtlichen Voraussetzungen und den Erfordernissen des bäuerlichen Wirtschaftens bildeten sich den Hauptfunktionen von Wohnen, Tierhaltung, Vorratshaltung und Geräteverwahrung gewidmete, unterschiedlichste Gebäude oder Gebäudeteile aus. Unter den Bauformen der bäuerlichen Anwesen des Flachgaus haben der **Einhof** und der **Gruppenhof** mit ihren vielfältigen Überschneidungen den größten Anteil. Der **Einhof** ist die im westlichen Österreich häufigste Bauform. Er vereinigt alle Funktionsteile unter einem einheitlichen Dach, kann giebelseitig oder traufseitig aufgeschlossen sein und hat im Inneren durchgehende Verbindungsgänge. Die häufig zweigeschoßigen Bauwerke haben ab dem 19. Jh. meist ein gemauertes Erd- und ein im Blockbau ausgeführtes Obergeschoß, seit dem 20. Jh. durchgehendes Mauerwerk, häufig mit Scherben- oder Schlackenverzierung als Flachgauer Charakteristikum. Gebrochene, verschieden hohe Dachfirste deuten die unterschiedlichen Funktionsteile äußerlich an. Bei der den salzburgischen (wie oberösterreichischen) Alpennordrand dominierenden Einhof-Variante **Mittertennhof** ist die dem sonst über dem Stall liegende Tenne zwischen dem Wohnteil und dem Stallteil, durchfahrbar, eingeschoben. Sein zweigeschoßiger Wohnteil ist als Mittelflurhaus ausgebildet. Der Rauch des Küchenherdes wurde über einen schließbaren Kamin abgeleitet, in den auch der Stubenofen mündete, im Giebeldreieck baute man Hausgänge mit verzierten Holzbrüstungen ein. Durch ein- oder beidseitige Verbreiterung des Stallteils (19. Jh.) entstanden Haken- oder T-Höfe. Der **Gruppenhof** hat für die einzelnen Funktionsteile getrennte Gebäude (unregelmäßig angeordnet/Haufenhof), jedenfalls sind Wohnhaus und Stall-Scheune (Zwiehof) strikt getrennt; bestehen dabei nur zwei Bauwerke, wird das Anwesen als **Paarhof** bezeichnet. Im an Oberösterreich grenzenden Gebiet bestehen Gruppenhöfe und Übergangsformen zum Innviertler Vierseithof. Das Wohnhaus enthielt meist auch den Roßstall und war bis ins 18. Jh. ein Blockbau. Inventar der Hauslandschaft sind auch Wagenschuppen, Kornkästen, freistehende Backöfen, Hauskapellen und Austraghäuser.

11, 57–61

Ansiedlungen im Flachgau.

Die Erschließung des Flachgaus begann mit dem Übergang zu bäuerlichen Wirtschaftsformen in der jüngeren Steinzeit (ca. 4000–1800 v. Ch.), Siedlungen entstanden besonders in den landwirtschaftlich ergiebigen Gebieten des Voralpenlandes (Mattseer Schloßberg) und im Salzburger Becken. Bis in die Bronzezeit waren geschützte Höhen die Siedlungsplätze. Die Kelten waren die ersten namentlich bekannten Bewohner, die Römer kultivierten den Flachgau ab Chr. Geburt durch Anlage von Gutshöfen (über 20 bekannt) und mußten das Gebiet 500 Jahre später den zum Alpennordrand vordringenden Bayern überlassen. Diese hatten unter Führung ihrer Herzoge (Agilolfinger) bis zur Absetzung Tassilos III., 788, großen Einfluß auf die Entwicklung Salzburgs. Schon am Beginn des 8. Jh.s war das Voralpengebiet bis Wels kultiviert und in ihrem Besitz. Die Nachsilbe „-ing" und „-ham" der Ortsnamen geht darauf zurück. Die Ursprünge der Gemeinde **Köstendorf**, eines in einer Mulde gelegenen Haufendorfs im von haken- und T-förmigen Einhöfen dominierten Streusiedlungsgebiet des nördlichen Flachgauer Hügellands, gehen ins 8. Jh. zurück. Im Bereich des Weilers Tannham bestehen Reste eines großen Gutshofs aus römischer Zeit. **Obertrum** (1143 urkundlich), Gemeinde im Streusiedlungsgebiet des westlichen Flachgauer Hügellands, am Südende des Obertrumer Sees, steht auf urgeschichtlichen (Grabhügel aus der Hallstattperiode) und römerzeitlichem Siedlungsboden. Der Ort ist durch die 1601 gegründete Brauerei bekannt. Auf dem Gebiet des heutigen Markts **Mattsee**, zwischen dem Obertrumer und die Mattsee gelegen, wurden jungsteinzeitliche (Schloßberg), bronzezeitliche und hallstattzeitliche Höhensiedlungsreste sowie Reste mehrerer römischer Gutshöfe gefunden. Seit dem Mittelalter hatte Mattsee durch die Ende des 6. Jh. gegründete Benediktinerabtei (urkundlich 817 Reichsabtei) Bedeutung und ist seit dem 19. Jh. ein durch sein Seenumfeld geprägter Fremdenverkehrsort. **St. Gilgen** (urkundlich 1376), am Westende des Wolfgangsees, ist mit 100 km² (Schafberg, Grenzen am Mond- und Attersee) die größte Gemeinde des Flachgaus. Sie hat sich seit Ende des 19. Jh.s, begünstigt durch die Wolfgangseeschiffahrt (seit 1873), die Salzkammergut-Bahn (1896 bis 1958) und die Schafbergbahn (1893, Hotel Schafbergspitze, 1862, erstes Berghotel Österr.) zu dessen bedeutendstem Fremdenverkehrsort entwickelt.

Bildteil Seiten 17 bis 46 · Flachgau

Schloß Anif, bis 1803 einer von etwa 60 Sommersitzen der Salzburger Erzbischöfe, im 19. Jh. umgebaut.

Benediktinerabtei Michaelbeuern, Winterchor, frühbarocke Wand- u. Wandmalerei, Sylvester Bauer, 1639.

Stube mit den ursprünglichen Gerätschaften des täglichen Lebens, Denkmalhof Abersee-Lipphaus, Strobl.

Großflächiger Torfabbau (seit 1862) im nördlich von Bürmoos ins Ibmer Moos übergehenden Sumpfgebiet.

58, 62–65

Schlösser im Flachgau.
Der erste bekannte Vorgänger des im Gebiet der Gemeinde Elixhausen liegenden Schlößchens **Ursprung** ist als Gut Ursprung 1122 urkundlich. 1670 entstand ein Schloß, das nach einem Brand 1707 in seiner heutigen Gestalt neu erbaut wurde. Seit dem 19. Jh. hatte es wechselnde, meist die Brauerei betreibende Besitzer. Das Schloß ist heute Teil der landwirtschaftlichen Schule Ursprung. Die anliegenden Brauereigebäude wurden 1977 abgebrochen. Das im Gemeindegebiet Anif am Südrand der Stadt Salzburg liegende, seit dem 16. Jh. urkundliche Wasserschloß **Anif**, war von 1693 bis 1814 Sommersitz der Bischöfe von Chiemsee. Der im Kern mittelalterliche Bau wurde in den 40er Jahren des 19. Jh.s nach englischen Vorbildern neugotisch umgebaut. Das Schloß, umgeben eines weitläufigen um ca. 1800 entstandenen Landschaftsgarten und mit gegen die Straße abschließenden Wirtschaftstrakten aus dem 17. Jh., verkörpert eine der besten „romantischen" Architekturen Salzburgs. Das im Gebiet der Marktgemeinde Grödig auf einem bewaldeten Hügel am südlichen Rand des Untersberger Moores liegende Schloß **Glanegg** ist als erzbischöflicher Besitz 1350 urkundlich und war Sitz des Pfleggerichts. Das in der Gestalt einer Turmburg (typisch für Salzburger Schlösser, z.B. Fuschl oder Goldenstein) vorher mehrfach umgebaute Schloß wurde 1636 unter Erzbischof Paris Lodron mit einer vom südlich auf der Talsohle gelegenen Meierhof bis zum Felsabhang des Untersbergs reichenden Talsperre, dem Paß Glanegg, ausgestattet. Die Mauer hatte eine Länge von fast 700 Metern, war über vier Meter hoch und sollte während des Dreißigjährigen Kriegs zur Sicherung gegen Reichenhall/Bayern dienen. Die Anlage wurde im Bereich des Meierhofs zur Kontrolle eines 1677 ausgebauten Salzwegs umgestaltet. Der Paß Glanegg wurde 1805 aufgehoben. Das Schloß **Goldenstein** in der Gemeinde Elsbethen geht auf Vorgängerbauten der Herren von Haunsperg aus dem 14. Jh. zurück. Die heutige, fünfgeschossige Anlage mit drei zusätzlichen Dachgeschossen stammt aus dem 15. Jh. und wurde durch Anbauten im 16. und 17. Jh. erweitert. Das Schloß und die dazugehörenden Güter wurden 1710 vom Erzstift St. Peter erworben, reich ausgestattet und dienten dessen Äbten als Sommersitz. Seit 1878, nach baulichen Ergänzungen vor und nach der Wende des 19. zum 20. Jh., wird es zu Schul- und Internatszwecken genutzt.

66–84, 100

Stifte und Kirchen.
Das Kollegiatstift **Mattsee**, urkundlich um 770 bzw. 783/84, wurde als Benediktinerabtei gegründet (Mitte des 11. Jh.s in ein weltpriesterliches Kollegiatstift umgewandelt) und kam 907 in den Besitz des Bistums Passau. Die ursprünglich frühgotische Stiftskirche (Vorgängerbauten: Holzkirche 9. Jh., Saalbau in Stein 10/11. Jh., 3schiffiger Querschiffbau 12. Jh.) entstand im späten 13. Jh. nach einem Brand (1276) des Vorgängerbaus. Nördlich anschließend entstand die einen Kreuzgang umfangende Propstei. Das Stift gelangte zwischen 1390 und 1398 durch Kauf der Herrschaft Mattsee (Burg samt allem Zubehör und dem Ort Straßwalchen) vom Bistum Passau an den Salzburger Erzbischof. Die Bauwerke wurden im 17. und 18. Jh. barockisiert. Die Stifts- und Pfarrkirche ist ab 1766 eine spätbarock-frühklassizistische Anlage mit einem mächtigen, 76 Meter hohen Turm (1776), enthält eine reiche Barockausstattung aus der 1. Hälfte des 18. Jh., im spätmittelalterlichen Kreuzgang über 100 Grabsteine von Stiftskanonikern und Pflegern aus dem 14. bis 17. Jh. Die seit 817 bzw. 977 (Urkunde Kaiser Ottos II.) am heutigen Ort bestehende Benediktinerabtei **Michaelbeuern** bildete sich als Herrschaft erst im 11. Jh. durch Schenkungen im Pinzgau, in Oberösterreich, Bayern, Wien-Währing und im Raum Mistelbach aus. Im 17. Jh. wurden der Sitz Perwang und ein Hof in der Wachau (Wösendorf) erworben, die Güter bilden heute zusammen mit dem Brauhausbetrieb Mülln in Salzburg die wirtschaftliche Basis des Stifts; zu den einverleibten Pfarren gehören (im 13. Jh.) Wien-Währing, Obersulz (bei Mistelbach) Dorfbeuern, Seewalchen und Lamprechtshausen, im 18. Jh. Perwang und seit 1835 Salzburg-Mülln. Die ältesten Bauteile (zuerst Männer- und Frauenkloster) entstanden im 9. Jh., die heutige Anlage in verschiedenen Bauphasen Anfang des 17. bis Ende des 18. Jh.s. Besonderheiten: Hochaltar der Stiftskirche, Winterchor, Abteisaal, Stiftsmuseum, Bibliothek und Sammlungen. Die Landkirche **Dorfbeuern** birgt gotische Architekturmalerei und ein Schutzmantelmadonnen-Fresko dieser Zeit. Die seit dem 10. Jh. urkundliche Filialkirche **Irrsdorf** wurde 1408 in der heutigen Gestalt erbaut, war Ende des 15. Jh.s im Inneren vollendet und erhielt ab 1682 ihre wertvolle, einheitliche, schwarz-gold gefaßte Ausstattung. Gotische Türflügel mit Hochreliefsfiguren Maria und Elisabeth in der Hoffnung, um 1408.

85–91, 95, 98, 101, 102

Museen und Sammlungen.
Neben den umfangreichen und wertvollen Sammlungen des Stifts Michaelbeuern und des Stiftsmuseums Mattsee, die in dafür adaptierten Räumen zum Teil öffentlich zugänglich sind, bestehen im Flachgau noch fast zwanzig andere Museen oder Schausammlungen. Das **Salzburger Freilichtmuseum** (im Besitz des Landes), hat zum Ziel, wertvolle Beispiele bäuerlicher Bau- und Wohnkultur vor dem Verfall zu retten, zu erhalten und allgemein zugänglich zu machen. Auf einem 50 Hektar großen Areal in Großgmain wurden in den dem Aufbau der ersten Objekte und der Eröffnung 1984 folgenden Jahren fast 50 an ihren ursprünglichen Standorten in den fünf Gauen Salzburgs abgetragene Bauwerke wiedererrichtet. Die Objekte, für eine bestimmte Gegend und für bestimmte Zeitabschnitte typisch, mit originalen Möbeln und Gerätschaften ausgestattet, machen Volksarchitektur und bäuerlichen Alltag anschaulich. Ihre ursprüngliche Umgebung, Zaunformen, Kapellen, Bildstöcke, Bauerngärten und ihre Kräuter und Pflanzen sind in die Anlagen einzubeziehen. Das im Gemeindegebiet Strobl gelegene Denkmalhaus **Abersee-Lipphaus** stammt aus der Zeit um 1500. Es ist bis auf Veränderungen im Dachbereich in allen Teilen wie auch in der Raumaufteilung und am Erdgeschoßmauerwerk (historische Rustikalornamente) unverändert erhalten. Die Räume zeigen die Einrichtung und Gegenstände des täglichen Lebens. Der Denkmalhof **Rauchhaus Mühlgrub** im Gemeindegebiet Hof bei Salzburg (in einem Lehensbuch Mitte des 15. Jh.s genannt) ist ein typischer Mitterntenn-Einhof, eine historische Hofform, die im Umfeld des Thalgauer Beckens noch vereinzelt besteht. Das zweigeschossige Mittelflurhaus ist im Wohnteil („Hausstock") ein Blockbau und hat auch sonst nur im Stallbereich gemauerte Wände. Schornsteinlose Rauchhäuser bilden eine Vorstufe in der Geschichte der Flachgauer Einhöfe. Ihre Herde lagen im Flur (Flurküchen), die aufsteigende Wärme und der Rauch wurden zur Nachtrocknung von über dem Flur („Haus") auf einem Rost gestapelten Getreide oder anderem genutzt. In der **Creativ Brauerei** der Privatbrauerei Josef Sigl in Obertrum kann das Brauen als Handwerk mit Hilfe aller dazu notwendigen traditionell verwendeten Gerätschaften erlebt werden. Die Einrichtungen erlauben, sämtliche Biertypen und auch eigene Kompositionen innerhalb eines Tages selbst zu brauen.

22, 23, 92, 93, 94, 96, 97

Besonderheiten.
Waschmühle und **Mühlenweg in der Plötz.** Die „Waschmühle", eine Doppelmühle mit zwei oberschlächtigen Wasserrädern und zwei Mahlwerken, entstand im 18. Jh. Die Mühle wurde bis 1955 betrieben: zwei Bauern hatten abwechselnd drei Tage das Wasserrecht, um mit ihrem Wasserrad zu mahlen. Die Mühle gehört zum Ebenauer Mühlenwanderweg, der die sechs zwischen zweihundert und dreihundert Jahre alten „Gmachlmühlen" am Rettenbach in der Plötz verbindet. **Marmorkugelmühle**, Fürstenbrunn. Wasserbetriebene Kugelmühlen formen grob zugerichteten Marmor zwischen einem fixen Stein und einem im Wasserstrahl rotierenden hölzernen Läufer zu Kugeln. Sie dienten früher als Schiffsballast und zur Bestückung von Kanonen (Zerstörung der Takelage/Segelschiffe). Das fand mit dem Aufkommen der Dampfschiffe ein Ende und damit auch der Vertrieb in die großen Hafenstädte der Nordsee. Im Jahr 1792 erzeugten die Mühlen des größten Produzenten am Untersberg zehntausend große und dreihunderttausend kleine Marmorkugeln. Kugelmühlen gab es Anfang des 18. Jh.s auch im Flachgau. Die Fürstenbrunner Wasserleitung entzog vielen Mühlen ihren Antrieb, einige arbeiteten noch bis 1950. Die Kugelmühle in Fürstenbrunn demonstriert diesen für den Untersberg typischen Zweig der Marmorbearbeitung. Die **Brücke Oberndorf-Laufen**. Nachdem mehrere Salzachhochwässer Ende des 19. Jh.s die alte Holzbrücke zerstört hatten, entstand 1901 bis 1903 eine neue in massiver Fachwerkkonstruktion „aus Stein und Eisen". Sie verband das Zentrum des in hochwassersicheres Gebiet verlegten Oberndorf mit dem des bayerischen Laufen. Die Brücke hat eine Spannweite von 165 Metern und ist 8 Meter breit. Die von Adlern bekrönten Pfeileraufbauten, die mit Wappen verzierten Verbindungsbögen und die Konstruktion machen die Brücke ästhetisch wie technisch zu einem Denkmal beispielhafter Ingenieurleistung. Das „**Schaudorf**" **Schleedorf**, zwischen Obertrumer Seenplatte, Wallersee, Buchberg und Tannberg gelegen, hat einen besonderen Weg gefunden, Bodenständiges attraktiv zu machen. In einer Bio-Schaukäserei kann man alles über die Käseerzeugung erfahren, das Museum „AgriCultur" lehrt Naturgeschichte (und Naturbewahrung), eine Dorfschneiderei und ein Puppenfenster machen traditionelle Trachtenherstellung und eine Schaubäckerei das Bäckerhandwerk verständlich.

Bildteil Seiten 47 bis 76 · Tennengau

Blick vom Trattberg über das Abtenauer Becken zum Dachstein und Tennengebirge, rechts der Seewaldsee.

1–30, 43, 92

Die Landschaften des Tennengaus.

Der Tennengau umfaßt das Flußbecken der Salzach im Bereich zwischen dem Paß Lueg und der Einmündung der Königsseeache am Fuß des Untersbergs, sowie das Tal der Lammer mit dem Abtenauer Becken, die Osterhorngruppe der Salzburger Voralpen nördlich davon und die Nordhänge des zu den Salzburger Kalkalpen gehörenden Tennengebirges. Andere Teile der Kalkalpen, die Hänge des Hagengebirges, der Hohe Göll und der Untersberg als ihr nördlichster Teil begrenzen den Tennengau westlich entlang des Salzachtals. Die überwiegend verkarsteten Kalkstöcke bilden besonders abwechslungsreiche Landschaften, oft unwirtliche, unberührte Naturräume mit großer oberflächlicher und unterirdischer (Höhlen) karsttypischer Formenvielfalt. Aus ihrem an Bodenschätzen reichen Gestein wurde Salz und werden Baurohstoffe, wie Untersberger und Adneter Marmor, Kalk (Golling) und Gips (Kuchl) gewonnen. Der Tennengau wird östlich zum Salzkammergut durch das Gamsfeld und entlang des oberen Lammertals bei Annaberg durch den zum Dachsteinmassiv gehörenden Gosaukamm abgeschlossen. Im niedrigeren Osterhorngebiet ist landwirtschaftliche Nutzung durch Almwirtschaft vorherrschend. Der Tennengau war, vor allem an den Durchzugsgebieten von den Zentralalpen zum Alpenvorland, entlang der beiden Haupttäler und durch die Salzgewinnung am Dürrnberg schon seit frühgeschichtlicher Zeit besiedelt. Neben zahlreichen Orten liegen auf den siedlungsfreundlichen Terrassen entlang des sich ausweitenden Salzachtals viele Einzelsiedlungen (Tennengauer Einhof). Die durch die Eisenbahn (1871 Salzburg-Hallein, Giselabahn Salzburg-Tirol 1875) und Verwendung von Kohle (1876) hervorgerufene Existenzkrise der mit dem Holz für die Halleiner Salzproduktion beschäftigten Menschen schuf ein „Investitionsklima", das zur Grundlage der positiven Wirtschaftsentwicklung dieses Gebiets wurde. Arbeitskräfte, Wasserkraft, Holz und Salz als Gunst des Standorts führten 1889 zum Bau der Zellulosefabrik Hallein, der weitere Gründungen folgten, aus welchen innerhalb eines Jahrhunderts die heutige Industriezone im Tennengauer Salzachbecken entstand. Der Gau, der Bezirk Hallein, hat bei zehn Prozent Anteil an Landesfläche und Landesbewohnern durch seine Industrialisierung die zweithöchste Wirtschaftsleistung pro Kopf und das höchste Durchschnittseinkommen Salzburgs.

Höllhof, Rußbach. Hist. Paarhof, Mittelflurhaus, Erdgeschoß Mauerwerk, Obergeschoß Blockbau, verputzt.

39–51

Bodenständiges Bauen.

Bis zum Mittelalter war das Territorium Salzburgs weitgehend mit Wald bedeckt. Die günstigsten Geländebedingungen, Zugänglichkeit, Schutz vor Wetter und Hochwasser und die Lage zur Sonne bestimmten die Siedlungsorte auf Südterrassen, Höhenrücken und Kuppen. Das Gelände bestimmte auch die Form der Besiedlung, den Typ der Hauslandschaft und die Bautechniken. Die Einteilung der ältesten Höfe orientiert sich an einer vorne mit dem Eingang beginnenden Längsachse (Flur), von der aus Stube, Küche Kammer und Speicher seitlich begehbar sind, dahinter liegen der Stall und die Futterspeicherräume. Diese Hausform hat sich im Einhof erhalten, wird bayrisch genannt (bayrische Besiedlung ab dem 6. Jh.), ist charakteristisch für das Alpenvorland und in Salzburg neben dem Tennengau im Flachgau, im unteren Pinzgau und im Saalfeldner Becken verbreitet. Innerhalb natürlicher Grenzen des Tennengaus haben sich zwei unterschiedliche Hauslandschaften entwickelt. Im Salzachtal um Hallein und im Osterhorngebiet wurde eine den Gegebenheiten des Berglands angepaßte Sonderform des Einhofs vorherrschend, bei der die Tenne (Hochtenne) über eine Tennbrücke von der Bergseite her zugänglich ist – der ursprünglich nur einen Raum tiefe Wohnteil und der Stall sind direkt verbunden, der Heuboden liegt über dem Stall. Der Flur ist der Zentralraum mit dem Herd, das Obergeschoß enthält zu beiden Seiten eines Söllers Schlafkammern und Speicher, ist mit der Tenne verbunden und ist im Gegensatz zum gemauerten Erdgeschoß- und Stallteil meist gezimmert. Durch in der Regel quer zum First erfolgte Vergrößerungen der nur einen Raum tiefen Häuser entstanden Breitgiebelhäuser. Im Lammertal und im südlichen Tennengau bestimmt der den alpinen Geländeformen angepaßte Paarhof die Hauslandschaft. Da die steileren Geländeformen meist nur kürzere Längsachsen erlaubten, wurden Wohngebäude und Stall voneinander getrennt mit parallel laufenden Firsten oder auch ungeordnet errichtet. Solche Höfe werden besonders im oberen Lammer- und Neubachtal und im Astauwinkel bei Annaberg durch in den sie umgebenden Obstgärten errichtete Nebengebäude, Bienenhäuser, Wagenschuppen, Getreidekästen zu Ensembles komplettiert. Diese waren zu den Weiden durch Pilotenzäune – Reihen von paarweise eingeschlagenen Holzpflöcken mit dazwischengeschobenen horizontalen Stangen – abgegrenzt.

Ansicht von Hallein um 1750. Aus der Reihe der Städtebilder des Erzbistums Salzburg. Laufen, Rathaus.

2, 25, 53, 54, 57, 58, 60–62

Ansiedlungen im Tennengau.

Hauptorte des Tennengaus: **Hallein**, urkundlich 1198, im ersten Drittel des 13. Jh.s zur Stadt erhoben, verdankt seinen ehemaligen Reichtum der Salzgewinnung am Dürrnberg und wurde 1237 erstmals als das „kleine" Hall (Vergleich zu Reichenhall) genannt. Seither hatte Hallein durch den Abbau, die Verarbeitung, den Handel und Transport von Salz größte Bedeutung. Die Stadtsiedlung (Stadtmauer vor 1300) wuchs vom Bereich um die Pfarrkirche im Spätmittelalter zur Salzach hin, zumeist durch Manipulations- und Lagerhäuser für Salz und wurde im 16. Jh. auf das rechte Salzachufer ausgedehnt. Seit Mitte des 19. Jh.s Errichtung von Industriebetrieben wie z.B. der Zementerzeugung in Gartenau, der Tabakwerke 1870 und der Zellulosefabrik 1891. Der Markt **Kuchl** südlich von Hallein ist wie dieses einer der für das Tennengauer Salzachbecken typischen Betriebsstandorte. Eine christliche Gemeinde (Kirche) wird für Kuchl (auf dem Georgenberg?) schon 470 bei der Erwähnung des römischen „Cucullae" in der „Vita Severini" bezeugt. Auch die „Tabula Peutingeriana" enthält diesen Namen. Der Markt **Golling**, auf bronzezeitlichem Siedlungsboden, urkundlich 1241, Markt seit 1390, erlangte schon früh Bedeutung durch die Lage an den alten Hauptverkehrswegen durch das Salzachtal und den Unterlauf des Lammertals. Heute bildet hier wie auch im Markt **Abtenau** (977 urkundlich) der Fremdenverkehr die wirtschaftliche Basis.

Golling, Teil der Marktstraße mit typischen, giebelständigen, im Kern spätmittelalterlichen Häuserzeilen.

„Eine Pfann zur Saltzsud zuerichten", Gemälde 18. Jh., Fürstenzimmer, ehem. Pflegamtsgebäude Hallein.

83, 86, 93

Salzbergbau am Dürrnberg, Hallein.

Schon in prähistorischer Zeit wurden die in Hallein, Reichenhall und Hallstatt in Salzkammergut meist durch solehaltige Quellen angezeigten Salzvorkommen genutzt. Am Dürrnberg begann der Bergbau um 800 v. Chr., den 1 bis 2 Meter mächtigen Steinsalzbänken wurde in einem System von geneigten und waagrechten Stollen gefolgt. Diese prähistorischen Stollen waren etwa 5500 Meter lang und bis 200 Meter tief. Der Dürrnberg war zur vorrömischen Zeit eines der wichtigsten Wirtschaftszentren Mitteleuropas, der hohe Lebensstandard der hier tätigen Kelten ist durch reiche Grabausstattungen belegt (Keltenmuseum Hallein). Die rationellere Versiedung von Quellsole brachte einen Rückgang des Bergbaus, die Eingliederung Norikums ins Römische Reich im 1. Jh. n. Chr. die Aufgabe des alpinen Salzbergbaus. Nach dem Ende der römischen Herrschaft bekam die Salzproduktion wieder Bedeutung, in Reichenhall schon um 700; Bischof Rupert erhielt beträchtliche Anteile daran geschenkt. Erst die Wiederaufnahme des Abbaus in Hallstatt und Hallein (1198) beendete das Monopol Reichenhalls. Hallein entwickelte sich, Eigentum der Salzburger Erzbischöfe und weniger „Mitsieder", durch eine Soleleitung und die Versiedung am Holztransportweg Salzach, auch wegen der günstigen Handelswege über Salzach, Inn und Donau bis 1230 zur führenden Saline des Ostalpenraums; rund zwei Drittel der Halleiner Salzproduktion wurden verschifft. Laufen, Besitz der Erzbischöfe, schloß andere Salinen vom Exportweg aus. Bis zu 2200 Bootsladungen mit bis zu 15 Tonnen Salz wurden jährlich abgefertigt. 1876 wurde die Saline von Holz- auf Kohlefeuerung umgestellt. Das beendete den durch den gewaltigen Holzbedarf der Salzindustrie jahrhundertelang betriebenen Raubbau in den Wäldern. Am Beginn des 16. Jh.s wurden in Hallein 22.000 Tonnen Salz (soviel wie in Hallstatt und Aussee zusammen) produziert; 1590 unter Wolf Dietrich waren es 36.000 Tonnen, der Holzbedarf entsprach einer Waldfläche von 10 km². Im 17. Jh. betrug die Produktion 7000 Tonnen und im 18. Jh. etwa 15.000 Tonnen. Erst ab 1850 entstand eine moderne Salinenanlage auf der Pernerinsel, in den 70er Jahren des 20. Jh.s produzierte man 75.000 Tonnen pro Jahr. Der Salzbergbau und die Saline in Hallein wurden unrentabel, 1989 eingestellt; der als „Schaubergwerk" zugängliche Teil des Bergbaus am Dürrnberg hat jährlich etwa 150.000 Besucher.

Schloß Kalsperg, Oberalm, ursprünglich turmartige Wasserburg, nur in der Außenform, 15. Jh., erhalten.

Pfarrkirche Kuchl, Empore, Sternrippengewölbe auf gedreht kannellierten und glatten Marmorsäulen, 1492.

Grabbeigaben, 520–470 v. Chr., Dürrnberg, Antennendolch, Goldarmband, Tüllenbeil. Keltenmus. Hallein.

Salzachöfen, Durchbruch der Salzach zwischen dem Tennen- und Hagengebirge der Salzburger Kalkalpen.

59, 78–81

63–77, 90

50, 86, 87, 89, 93

35, 37, 82

Burgen und Schlösser.

Das Schloß **Wiespach** im Halleiner Stadtteil Burgfried geht auf um 1300 erbaute Anlagen zurück. Das heutige Schloß ist ein über im 15. Jh. entstandenen Bauwerken am Beginn des 18. Jh.s errichteter Umbau in Ansitzform. Im Park des durch viele Hände gegangenen Schlosses, seit 1958 Jugendherberge der Stadt Hallein, wurde ein Bad errichtet. Das **Schloß Rif** im Halleiner Ortsteil Taxach war von einer Mitte des 16. Jh.s errichteten Mauer umgeben. Das Lehen, 1250 im Besitz der Herren von Guetrat, gehörte ab 1539 dem Gewerken Christoph Perner und wurde 1560 zu einem erzbischöflichen Lustschloß mit Wasserspielen und Gärten ausgebaut. Das Schloß, Ende des 16. Jh.s erzbischöfliches Gestüt, 1830 als Ruine bezeichnet, wird seit den 70er Jahren des 20. Jh.s saniert. Das Schlößchen **Urstein**, in der Gemeinde Puch bei Hallein oberhalb einer älteren, 1461 urkundlichen, ab 1633 im Besitz des Chronisten Franz Dückher von Haslau befindlichen Anlage, wurde 1701 von dessen Nachfahren in seiner heutigen Form errichtet. Die **Burg Golling**, im Ort auf einem nach drei Seiten abfallenden Fels, hat Vorgänger aus der Mitte des 13. Jh.s und kam Anfang des 15. Jh.s in den Besitz der Erzbischöfe. Sie war ab 1406 Sitz des Pfleggerichts und 1868 bis 1923 der des Bezirksgerichts. In den Bauernkriegen 1526 beschädigt, erhielt sie nach vielfältigem Baugeschehen letztlich 1871 ihre heutige Gestalt.

Kirchen und sakrale Kunst.

Die **Pfarrkirche Kuchl**, an deren Stelle Vorgängerbauten schon um 470 bestanden, ist in heutiger Form eine über romanischen Vorgängerbauten aus dem 11. Jh. errichtete, dreischiffige, spätgotische, vom Friedhof umgebene Staffelkirche. Kuchl wurde als Pfarre erst 1230 genannt. Besonderheiten des Bauwerks sind die von freistehenden Marmorsäulen getragene Empore, deren Maßwerkbrüstung und die aus Marmor gefertigte Kanzel. Die **Filialkirche Georgenberg** bei Kuchl steht auf dem Boden einer frühchristlichen Kirche (prähistorischer Siedlungsplatz) und eines Bauwerks aus dem 10./11. Jh. Die heutige, seit 1243 urkundliche Kirche ist ein einschiffiger, spätgotischer Bau, die Ausstattung stammt größtenteils vom frühen 18. Jh., die Außenkanzel aus Marmor (1649) ist mit jenen der Filialkirchen Torren und St. Margarethen/Vigaun einzigartig für Salzburg. Die **Pfarrkirche Oberalm**, im Friedhof, im Turm- und Langhausbereich auf romanischen Grundlagen erbaute gotische Wandpfeilerkirche, entstand in der heutigen Form Anfang des 16. Jh.s, wurde 1730 durch ein Seitenschiff und einen Sakristeibau erweitert. Sie enthält einen 1707 entstandenen, besonders wertvollen Hochaltar. Die **Pfarr- und Wallfahrtskirche Dürrnberg** ist ein zur Gänze aus vom Ort stammendem Marmor in einheitlicher Gliederung aller architektonischen Teile an der Wende vom 16. zum 17. Jh. errichteter reiner Renaissancebau mit campanileartigem Turm.

Museen und Sammlungen.

Das **Keltenmuseum Hallein** macht die Grab- und Siedlungsfunde, Werkzeuge und Geräte des Salzbergbaus der am Dürrnberg bei Hallein in der vorrömischen Zeit tätigen Kelten zugänglich. Das historische Salzwesen wird durch Pläne, Modelle und Bilder dargestellt. Das Museum ist seit 1970 in der 1654 errichteten „Pfleg", einem über 300 Jahre dem Salzverweser-, Bau-, Wald- und Schiffahrtsamt dienenden Verwaltungsgebäude, untergebracht. Die dem Landesherrn vorbehaltenen Fürstenzimmer des zweiten Stocks enthalten 75 in den Jahren 1757–58 entstandene, die damalige Salzproduktion realistisch darstellende Ölbilder. Von den natur- und kulturhistorischen Sammlungen des 1971 eröffneten **Museums Burg Golling** enthält die paläontologische Abteilung als bedeutendstes Objekt eine etwa 240 Millionen Jahre alte, am Dürrnberg gefundene Zwischenform eines Wassersauriers. Exponate der berühmten Fischfauna im Wiestal bei Hallein und einige hundert fossile Meerestiere und Pflanzen geben einen Eindruck von den im Erdmittelalter im Tennengau vorkommenden Lebewesen. Die kulturhistorische Sammlung dokumentiert die Orts- und Burggeschichte (Gerichtsbarkeit). Der **Denkmalhof Arlerhof** in Au bei Abtenau stellt das vollständige Hofareal eines alpinen Paarhofs in seinem ursprünglichen Bauzustand mit Wohnhaus, Wirtschaftsgebäude, Troadkasten, Bienenhaus, Wurzgarten und mit allem bodenständigen Inventar dar.

Besonderheiten.

Marmorbrüche in Adnet. Die Geschichte des Adneter Marmors reicht in römische Zeit zurück. Seine Brüche waren entgegen dem erzbischöflichen Abbau am Untersberg Eigentum von Bauern. Adneter Marmor war im Mittelalter vor allem für Grabdenkmäler gefragt. Früher wurden Marmorplatten und Blöcke durch Aushauen von mannsbreiten Schrämschlitzen gebrochen, dann durch Loch-an-Loch-Bohrung, danach durch Drahtseilsägen und zuletzt mit den heutigen Diamantseilsägen. In Adnet gibt es ca. 50 Brüche, zehn kann man durch einen Naturlehrpfad erreichen. Der **Paß Lueg** in Durchbruchstal der Salzach zwischen Tennen- und Hagengebirge war ab urgeschichtlicher Zeit Verbindung zwischen dem Land vor dem Gebirge und den Gebirgsgauen und wichtiger Verkehrsweg. 1160 wird eine Mautstelle im Paß erwähnt, ab dem 13. Jh. bestanden Wehrbauten, die erste Fahrstraße wurde 1578 gebaut. In der 1. Hälfte des 17. Jh.s entstanden neue Befestigungen (Lodron), die bis zu den Franzosenkriegen bestanden, 1809 von den Bayern zerstört und später von den Österreichern aufgebaut wurden. Die knapp flußabwärts liegenden **Salzachöfen** bieten ein Naturschauspiel des das Kalkgebirge teilweise unterirdisch durchbrechenden Gebirgsflusses der Salzach. In den wilden **Lammeröfen** durchbricht die Lammer eine am Ausgang des Abtenauer Beckens zwischen dem Tennengebirge und dem Schwarzen Berg bestehende Barriere.

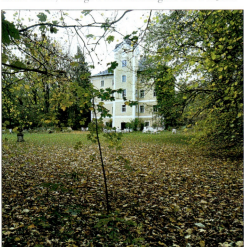 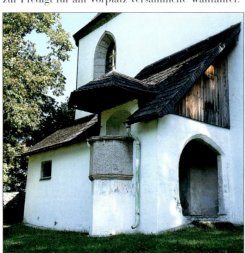  

Schloß Haunsperg, Oberalm, im Kern ein mittelalterlicher Turm, heutige Form vom Beginn des 17. Jh.s.

Filialkirche St. Nikolaus, Torren, Außenkanzel, 1677, zur Predigt für am Vorplatz versammelte Wallfahrer.

Fund aus dem Wiestal, Hallein, Schmelzschuppenfisch. Paläontologische Sammlung, Museum Burg Golling.

Marmorbruch in Adnet. Der fossilreiche und vielfarbige Adneter Kalk wird seit dem Mittelalter abgebaut.

Ausblick von Gerling (Maishofen, Zeller Becken), Kapruner Tal, Tauern, Kitzsteinhorn, Schmiedingerkees.

1–32, 70, 73, 74, 106

Obersulzbachtal, Anstieg zur Kürsingerhütte, Obersulzbachkees, Blick zur Venedigergruppe, Geiger.

Blick bei Thumersbach über den Zeller See zu den Tauern, Wiesbachhorn, Kapruner Tal und Kitzsteinhorn.

5, 12, 13, 27, 33–43, 69, 117

Unregelmäßiger inneralpiner Paarhof, Haus Blockbau, Stallscheune unten gemauert. Wald im Pinzgau.

48–62, 110–113, 117, 118

Die Landschaften des Pinzgaus.

Die geologisch-morphologischen Verhältnisse im Pinzgau sind durch drei stark unterschiedliche, strikt in west-östlicher Richtung verlaufende Gesteinszonen charakterisiert. Das sind: im Süden die Gebirgskette der Hohen Tauern, Teil der Zentralalpen, vergletscherte „Keesberge" mit einem Kern aus von Schieferschichten umhülltem harten Gneis (Tauernfenster), in der Mitte das im Osten niedrigere Schiefergebirge der zur Grauwackenzone gehörenden Kitzbühler Alpen mit den vom Salzachgeier (Salzachursprung) über den Wildkogel bei Neukirchen, die Schmittenhöhe bei Zell am See bis zum Hundstein bei Maria Alm reichenden Pinzgauer „Grasbergen" (die Almböden erstrecken sich bis zum Gipfel, Schiberge) und im Norden die aus der Natur ihres Gesteins kahlen, schroffen und verkarsteten Gebirgsstöcke der Loferer und Leoganger „Steinberge", des Steinernen Meeres und des Hochkönigs der Salzburger Kalkalpen. Die Salzach folgt im Ober- und Unterpinzgau mit einem hier breiten, die Landschaft dominierenden Trogtal zwischen dem Hochgebirge der Tauern und dem Schieferbergland der östlichen Kitzbühler Alpen und dessen Fortsetzung in den Dientner Bergen der strikten Ausrichtung nach Osten. Die aus der Talweitung des Salzachtals bei Zell am See über das Zeller und das Saalfeldner Becken nach Norden führende breite Furche des nördlichen Pinzgau (Mitterpinzgau) wird von der aus dem 30 km tiefen Glemmtal kommenden, ab Maishofen nach Norden gewandten Saalach durchflossen. So wie weiter östlich die Salzach durchschneidet sie, hier aus dem größten inneralpinen Becken Salzburgs kommend, im Engtal Hohlwegen (nicht wegen der Enge „Hohl-" sondern als Salzstraße „Hal-"weg) zwischen den Steinbergen und dem Steinernen Meer die Salzburger Kalkalpen, durchfließt das Becken von Lofer und die Enge des Kniepasses, bevor sie bei Unken (Steinpaß) den Pinzgau verläßt. Der Pinzgau hat einen großen (Salzburg den größten) Anteil am Naturraum des 1983 von den Ländern Salzburg, Kärnten und Tirol geschaffenen, fast 1800 km² großen Nationalparks Hohe Tauern. Die Vergletscherung dieses Gebirges ist auf Pinzgauer Gebiet, in der Venediger- und Glocknergruppe besonders ausgeprägt. Die im westlichsten Pinzgau, im Schiefergebirge entspringende Salzach hat in den im Pinzgau aus den Hohen Tauern kommenden Achen und Bächen ihre wichtigsten Zuflüsse (die Krimmler Ache ist mächtiger als die Salzach). Deren regelmäßig und senkrecht zur Salzach aufgereihten, bis zu 19 km tiefen, zum Teil in den Nationalpark reichenden, Täler sind (von Westen): das Krimmler Achental, das Ober- und Untersulzbachtal, Habach-, Hollersbach- und Felber-, Stubach-, Kapruner, Fuscher und das Raurisal. Aus dem nördlichen Schiefernbergen kommen nur wenige Täler und mehr Gräben mit nur bescheidenen Zuflüssen (ausgenommen der Mühlbach bei Bramberg und der Dientenbach). Der Pinzgau erfuhr seine das Landschaftsbild beeinflussende Kultivierung durch die umfangreichen Rodungen während der zweiten bayrische Besiedlung vom 11. bis ins 13. Jh. Die spätere Trockenlegung der im Salzachtal des Oberen Pinzgaus und im Mitterpinzgau bestehenden Sümpfe schuf das heute vertraute Landschaftsbild der weiten, ebenen, fast baumlosen Weideflächen auf den Talböden. Erst 1898 wurde der Obere Pinzgau durch die Linie Zell am See-Krimml der Pinzgauer Lokalbahn (Schmalspur) erschlossen. Der die landschaftlichen Vorteile nützende Schitourismus hat seine wichtigsten Zentren in der Europa-Sportregion Zell am See/Kaprun, in Saalbach-Hinterglemm, in Neukirchen an Großvenediger und in Hochkrimml (Gerlosplatte). Die Großglockner-Hochalpenstraße und das Glockner- und Venedigergebiet in der Ferienregion Hohe Tauern sind Schwerpunkte im Sommertourismus. Der Pinzgau, flächenmäßig der größte Teil Salzburgs, ist ident mit dem Verwaltungsbezirk Zell am See.

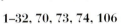

Torsee, Grasberge beim Gaißstein, Westende des Hinterglemmtales der Saalach, dahinter Steinernes Meer.

Achen, Wasserfälle, Seen.

Die aus den Tauerntälern zur Salzach fließenden Achen überwinden vor ihren Mündungen meist durch Schürfungen des eiszeitlichen Gletscherstroms an den Wänden des Salzachtals entstandene Steilstufen. Diese werden in wildbewegten Fließstrecken mit Wasserstürzen und Wasserfällen oder in weicheren Gesteinszonen durch tiefeingeschnittene Klammen bewältigt. Von den über 300 Seen des Pinzgaus sind die meisten in den Talschlüssen der Tauern liegende Karseen. Beispiele: Die **Krimmler Ache**, mit aus den Zehrgebieten von etwa 10 Gletschern gespeister, beträchtlicher Wasserführung und ihre insgesamt 380 m fallende Steilstufe der **Krimmler Wasserfälle** am Ausgang ihres Tals, die sie zu einer weltbekannten Attraktion des Pinzgaus machen. Zur Schneeschmelze werden fast 400.000 Liter Wasser pro Sekunde über den Achenfall 140 m, Mittleren und Unteren Fall, 100 und 140 m, katapultiert. Der **Zeller See**, reinster Bergsee Österreichs, ist 4,55 km² groß, über 3 km lang und fast 70 m tief. Er ist am Südende versumpft und wird durch das von den Zuflüssen transportierte Geschiebe langsam kleiner. So entstand z.B. durch den Schmittenbach der Schuttfächer, auf dem Zell am See liegt. Die **Kitzlochklamm** an der Mündung des Raurisals ist das Pinzgauer Beispiel für die tiefeingeschnittenen Klammen, in welchen die Tauernbäche den hier aus weicherem Gestein gebildeten Rand des Salzachtals überwinden.

Hintersee (in 1313 Meter Höhe), vom Felberbach gespeister Karsee, Freiwand, im Talschluß des Felbertals.

Bodenständiges Bauen.

Die Siedlungsschwerpunkte des Pinzgaus liegen im in west-östlicher Richtung verlaufenden Tal der Salzach, dem vom Zeller See talaufwärts liegenden Oberpinzgau, dem talab bis zur Enge bei Taxenbach reichenden Unterpinzgau und in der nördlich von ihm liegenden Senke des Mitterpinzgaus. Die nutzbaren Flächen sind im Verhältnis zum Anteil des Hochgebirges klein. Die bäuerlichen Siedlungen entstanden, wo Grünlandwirtschaft und Viehzucht möglich waren, an den sonnigen Talseiten oder auf den südlich orientierten Hängen. Die vorherrschenden Hofformen sind der den steilen Geländeformen angepaßte, bei größeren Gütern in mehrere Gebäude aus dem Gruppenhof aufgelöste Paarhof und der in den Talebenen, vor allem im Saalachtal gebräuchliche Einhof. Der Mitterpinzgauer Einhof ist außer der gemauerten Küche als Blockbau errichtet, hat einen Mittelflurgrundriß und einen die ganze Hausbreite einnehmenden (darüber im Giebel einen weiteren, „Gangl" genannten) Balkon. Die Hauslandschaften in den Hanglagen werden hauptsächlich vom alpinen, aus dem Wohnhaus und den benachbarten Stall- und Vorratsgebäude bestehenden Paarhof oder durch zusätzliche Gebäude wie Roß- oder Ziegenställe, Backöfen, Hauskapellen u.a. erweiterten Gruppenhof charakterisiert. Hölzerne Futterställe in den steilen Wiesen gehören ebenso zum Landschaftsinventar wie in luftdurchlässigem Rundholzbau in den Talebenen errichtete Heustadel.

Rauriser Tauernhaus (urk. 1491), Saumpfad nach Heiligenblut, Blockbau, 17. Jh., Rauchküche (gemauert).

Bildteil Seiten 77 bis 106 · Pinzgau

Zeitgen. Darstellung des im August 1729 im Markt Zell am See entstandenen Brandes, Votivbild, Pfarrkirche.

2, 63–75

Ansiedlungen im Pinzgau.

Teile des Pinzgaus wurden sehr früh, um etwa 2000 v. Chr. besiedelt (St. Georgen bei Bruck, bronzezeitliche Höhensiedlungen, Biberg bei Saalfelden), ab 450 v. Chr. durch Kelten (Ambisonten), deren Hauptsiedlungsgebiet am Biberg bei Saalfelden lag. Die Tauernübergänge waren bekannt (Seidlwinkl-Hochtor), der keltische Stamm der Taurisker siedelte in den Tauerntälern. Der Pinzgau war Hoheitsgebiet der bayrischen Herzoge, deren Lehensnehmer die Grafen von Lechsgemünd-Mittersill und die von Plain. Durch Vereinbarungen mit Erzbischof Eberhard II. kam der Gau 1228 an Salzburg. Die meisten Siedlungen im Pinzgauer Salzachtal entstanden wegen des versumpften Talbodens auf Schwemmkegeln der zur Salzach fließenden Gewässer oder in etwas erhöhter Lage auf der zur Sonne gewandten Talseite. Als Beispiele: **Zell am See**, auf dem Achwenkkegel des Schmittenbachs, vor 788 urk., seit dem Frühmittelalter Markt, 1287 bis 1810 Zell im Pinzgau genannt, 1928 zur Stadt erhoben, ist heute Sitz der Verwaltung und Hauptort des Pinzgaus. Der Ort bekam durch die „Giselabahn" 1875 (Salzburg-Tirol), die Pinzgauer Lokalbahn (1898) und die 1927 als erste Seilschwebebahn Salzburgs gebaute Schmittenhöhebahn wirtschaftliche Bedeutung. Diese wurde nach 1945 beim Ausbau als Wintersportzentrum durch die Errichtung weiterer Seilbahnen gefestigt. Der Markt **Mittersill**, 1357 urkundlich, Hauptort und Verwaltungszentrum des Oberpinzgaus, an der Salzach und am Ausgang des Felbertals liegend, ist eine Gründung aus dem 13. Jh. und als Verkehrsknoten seit damals (heute durch die Straßen zum Felbertauern, Paß Thurn, Gerlospaß und durch das Salzachtal) von Bedeutung. Durch viele Überschwemmungen (Salzach, Felberbach) und Großbrände sind wenig historische Bauten erhalten. Wegen der Hochwasser haben die ältern Häuser erhöhte Erdgeschosse mit Treppenaufgängen. Die Stadt **Saalfelden**, als Siedlung urkundlich 790, als Markt um 1350, Stadt seit 2000, an der Mündung der Urslau (aus dem Hinterthal) in die Saalach, ist Hauptort und Wirtschaftszentrum des Mitterpinzgaus. Der Ort, auf vorgeschichtlich bewohntem Boden (bronze-, eisenzeitliche und keltische Siedlungen am Biberg), war Mittelpunkt der Grafschaft Unterpinzgau, und kam 1228 an die Erzbischöfe. Bei Großbränden Anfang des 18. 19. und 20. Jh.s wurde die historische Bebauung großteils zerstört.

Das Schloß Lichtenberg (rechts) und die Einsiedelei (links) am Fuß des Steinernen Meeres bei Saalfelden.

76, 78–81

Ansitze, Burgen und Schlösser.

Die Erzbischöfe trachteten in den Besitz der (Höhen-)Burgen des Salzburger Adels zu gelangen, sie als Sitz von landesfürstlichen Pflegschaften und Pfleggerichten zu verwenden oder verfallen zu lassen. Feuerwaffen und veränderte Lebensweisen führten zuletzt zum Bau unbefestigter Schlösser in ebenem Gelände. Die **Burg Kaprun**, im 12. Jh. im Besitz bayrischer Grafen, kam im 13. Jh. an die Erzbischöfe, wurde an den Adel verliehen, war im 16. Jh. Sitz des Pfleggerichts Kaprun-Zell am See, verfiel seit dem 18. Jh. und wird seit 1976 restauriert. Das **Schloß Mittersill**, 1180 urkundlich Besitz der Grafen von Lechsgemünd, kam 1228 an Salzburg: vielfach, zuletzt ab 1919 romantisch umgestaltet. Die Burg war ab 1228 bis 1880 Gerichtssitz. Als Beispiel für die zahlreichen Schlösser und Ansitze – typisch sind Türmchen an den Gebäudeecken – im Saalfeldner und Maishofner Umfeld (Farmach, Ritzen, Dorfheim, Saalhof, Kammer, Prielau): **Schloß Lichtenberg** am Fuß des Steinernen Meeres, 1281 urkundlich, war ab Beginn des 14. Jh.s Sitz eines im 18. Jh. nach Saalfelden verlegten Pfleggerichts. Seit 1872 in Privatbesitz und im Sinn der Romantik renoviert. Das **Bauernschloß Labach** bei Stuhlfelden, 1352 urkundlich, erhielt 1591 seine heutige Gestalt (getäfelte Stuben, Kassettendecken, um 1600) und hat seit 1680 meist bäuerliche Besitzer. Alle landesfürstlichen Burgen des Pinzgaus sind im Bauernkrieg 1526 niedergebrannt worden.

Bauernschloß Labach bei Stuhlfelden, originale, vertäfelte Stube mit kassettierter Decke aus dem 16. Jh.

Detail der Malereien (14.–17. Jh.) im nördl. Seitenschiff der Pfarrk. Zell a. See, vier Evangelisten, 17. Jh.

82–95, 102, 105, 115

Kirchen und sakrale Kunst.

Neben den prächtigen Pfarrkirchen sind auch die oft übersehenen Filialkirchen in den Dörfern ein bestimmender Bestandteil der Pinzgauer Sakrallandschaft. Ihre Ausstattung ist in vielen Fällen von großem künstlerischen und kunsthistorischem Wert. So z.B. die **Filialkirche Weyer**, Gemeinde Bramberg. Das kleine, im 15. Jh spätgotisch entstandene Bauwerk ist durch eine besonders schöne und homogene Barockeinrichtung – Seitenaltäre 2. Hälfte 17. Jh., Hochaltar Anfang 18. Jh. (Madonna frühes 15. Jh.) – ausgezeichnet. Die einschiffige, im Kern romanische **Filialkirche Felben**, Gemeinde Mittersill, entstand in der heutigen, spätgotischen Form im 15. Jh. Ihr zweijochiger, netzrippengewölbter Kirchenraum wird von einer über das erste Joch reichenden, hölzernen Empore aus dem 17. Jh. abgeschlossen. Die wertvolle Einrichtung entstand bis auf die Seitenaltäre (nach 1750) um 1630. Die kleine **Michaelskapelle** in die **Pfarrkirche Rauris** umgebenden Friedhof wurde 1497 errichtet. Ihr netzrippengewölbtes Langhaus ist im Chor mit Fresken aus dem 16. und 17. Jh. ausgemalt, der barocke Altar entstand 1751. Der seltsam beeindruckende kleine Kirchenraum enthält zahlreiche marmorne Wappengrabsteine (Gewerkenfamilien) aus dieser Zeit. Die **Pfarrkirche Zell am See**, urkundlich um 790, ist eine dreischiffige romanische Pfeilerbasilika mit einem um 1130 entstandenen Langhaus, um 1325 erbauter gotischer Apsis, einer von Sternrippengewölben getragenen gotischen Westempore (1514) und einem mächtigen, Mitte des 15. Jh.s errichteten Westturm. Das linke Seitenschiff enthält zahlreiche, zumeist im 14. Jh. gemalte Fresken; die Krypta aus dem 10 Jh. wurde bei Restaurierungen 1975 freigelegt. Der einschiffige barocke Bau der **Pfarrkirche Mittersill** entstand 1749. Die eindrucksvolle einheitliche Einrichtung des flach und stuckverziert gewölbten Kirchenraums stammt aus der zweiten Hälfte des 18. Jh.s. Die **Pfarr- u. Wallfahrtskirche Maria Alm**, urkundlich 1374, eine um 1500 erbaute, von einem ummauerten Friedhof umgebene dreischiffige Hallenkirche, ist durch Barockisierung im 18. Jh. stark verändert worden. Die Einrichtung entstand zwischen 1685 und 1760, in den Schrein des Hochaltars (1753) wurde die Madonna (um 1470) aufgenommen. Eine Gefahr für Sakralbauten und Siedlungen im Gebirge bildeten die wegen der im Blockbau errichteten Häuser immer wieder ausbrechenden, verheerenden Brände.

Großglockner-Hochalpenstraße, Blick auf die Kehren am Oberen Naßfeld und die Trasse beim Fuschertörl.

12, 13, 15, 17, 18

Großglockner-Hochalpenstraße, Kraftwerke Kaprun und Weißsee-Tauernmoos.

In der Blütezeit des Säumergewerbes wurden über den nach Brenner und Radstädter Tauern (Tauern keltisch „Tur", Paß) drittwichtigsten Übergang am Hochtor mehr als 800 Tonnen Güter jährlich transportiert. Die **Großglockner Hochalpenstraße** (Hochtor 2503 m Seehöhe, Länge ca. 58 km) folgt den Saumwegen und führt durch den Nationalpark Hohe Tauern über das Hochtor nach Heiligenblut. Als Transitstrecke durch die Felbertauernstraße und die Tauernautobahn heute weniger bedeutend, ist sie durch die Ideen ihres Erbauers Franz Wallack, in 2400 m eine sieben Kilometer lange Panoramafahrt zu ermöglichen, unter den Gebirgsstraßen Europas einmalig. Die Straße wurde 1930–35 von mehr als 3000 Arbeitern weitgehend manuell gebaut und half, die Arbeitslosigkeit in der Weltwirtschaftskrise zu mindern. Die **Speicherkraftwerke Glockner-Kaprun** entstanden zwischen 1939 und 1955 in den Hochtalbecken Wasserfallboden und Mooserboden des Kaprunertals. Mit dem 1947 begonnenen Ausbau wurde ein durch Pumpspeicherbetrieb auf die Schwankungen des Strombedarfs eingehendes Großkraftwerk errichtet. Die 1928 begonnene und bis 1967 ausgebaute **Kraftwerksgruppe Stubachtal** der Bundesbahnen im und am Ausgang des Stubachtals wird aus ihren ebenfalls im Glocknergebiet in 2250 und 2023 m Höhe gelegenen Speichern Weißsee und Tauernmoos gespeist.

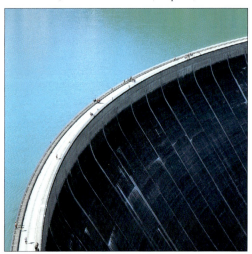

Staumauer Mooserboden des gleichnamigen Speichers, 110 m hoch, am Fuß 70 m stark, Kaprun, Oberstufe.

Bildteil Seiten 77 bis 106 · Pinzgau

Reines Gold. Durch Salz und Gold gehörten die Erzbischöfe im 16. Jh. zu den reichsten Fürsten Deutschlands.

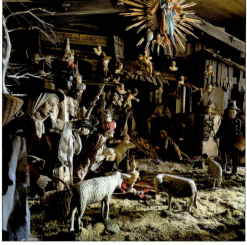

Sammlung vorwiegend aus dem alpenländischen Raum stammender Krippen, Heimatmuseum Schloß Ritzen.

Almabtrieb, Ende der Weidezeit, für den Heimweg geschmücktes, „aufgekranztes" Vieh, Hollersbachtal.

„Rauriser Urwald", Talschluß des Hüttwinkltals, dem der Bergbau in den Tauern den Namen gegeben hat.

100, 101

Goldbergbau im Rauristal.

KeinTal der Hohen Tauern ist so nachhaltig mit dem historischen Goldbergbau verbunden wie das Rauriser Tal und seine Siedlungen Rauris, Wörth, Bucheben und Kolm-Saigurn. Der Markt Rauris (größte Gemeinde Salzburgs), auf einem Schuttkegel des Gaisbachs, wurde als Dorf 1334, als Markt 1498 urkundlich, bis 1880 „Gaispach" danach mit dem Talnamen (1122 die „Rurese") benannt. Die Siedlung war das Verwaltungszentrum des extensiven Goldbergbaus im Spätmittelalter. Zur Hochblüte des Bergbaus in Rauris zwischen 1460 und 1560 arbeiteten ca. 2000 Bergleute in über tausend Gruben, Bauen, Poch- und Waschwerken. Zu Beginn des 17. Jh.s waren die Lagerstätten im Sonnblickgebiet erschöpft, die privaten Zechen kamen in landesherrlichen Besitz, der nun wenig erfolgreiche Bergbau wurde bis ins 19. Jh. auch aus sozialen Motiven staatlich betrieben. Die Knappensiedlung Kolm-Saigurn im Talschluß des Hüttwinkltals, 1292 urkundlich, gedieh ab 1538 unter den Gewerkenfamilien Grimming, Voglmayr, Weitmoser, Zott u.a., wurde von Ignaz Rojacher ab 1880 wiederbelebt und nach ihm Ende des 19. Jh.s aufgegeben. Im Talort Kolm-Saigurn bestehen Reste der Verhüttung in Lend, in 2100 m Höhe die Ruine des Radhauses (Aufzug), ein zur Schutzhütte ausgebautes Knappenhaus, der Steindamm der Bremsstrecke mit dem Bremserhaus und im Hochkar liegenden Ruinen der Knappenhäuser und Abbaustätten.

96, 97, 98, 102

Museen und Sammlungen.

Das **Rauriser Heimat- und Talmuseum** präsentiert Sammelgut aus dem Goldbergbau (in ca. 2700 m Höhe gefundens römisches Scarabäus-Amulett), Geräte, Arbeitswelt und Brauchtum, Fauna, Flora und Geologie des Umlands. Ein Raum des Museums ist dem letzten Bergwerksbesitzer Ignaz Rojacher, der den Bergbau in Kolm-Saigurn 1876 vom Staat pachtete und 1880 kaufte, gewidmet. Der innovative „Kolm-Naz" (elektrisches Licht, Telephon) baute die Wetterwarte auf dem 3105 m hohen Sonnblick. Er mußte 1888 verkaufen und starb 1891. Das **Pinzgauer Heimatmuseum Schloß Ritzen** in Saalfelden setzt die Schwerpunkte seiner Sammeltätigkeit in den Bereichen Krippen (größte öst. Sammlung), Mineralogie, Geologie und Archäologie des Saalfeldner Beckens und bäuerliche Kultur des Umlandes. Das **Felberturmmuseum** im Mittersiller Ortsteil Felben ist eine der größten Heimatsammlungen des Landes (Turm 12. Jh.) . Es bildet mit einem Bauernhaus, dem Feuerwehrmuseum und Nebengebäuden einen Museumsbezirk und zeigt Sammlungen zu den Themen Nationalpark, Handwerk, Flora und Fauna, Bergbau (Wolfram) und bäuerliche und sakrale Kunst. Das **Heimatmuseum Wilhelmgut** in Bramberg, in einem bis in das 12. Jh. zurückgehenden Bauernhof mit umliegendem Freilichtbezirk, zeigt Sammelgut aus Mineralogie und Geologie der Tauern (Smaragd, Habachtal), Brauchtum, Gewerbe (Venetianersäge), Landwirtschaft und Imkerei.

99, 103, 104, 108, 109, 110, 114

Brauchtum und Besonderheiten.

Obwohl im Volksglauben und in den Überlieferungen gleichen Ursprungs, haben sich in einigen Tälern der Salzburger Tauernregion für diese geschlossenen Gebiete typische Formen des Brauchtums entwickelt. Die **Perchtenläufe**, im Pongau in mehreren Gemeinden in gleicher Inszenierung und Ausstattung ausgeführt, haben in einigen Talschaften des Pinzgaus eine völlig andere Form. Beispiele: In **Stuhlfelden** (und Zell am See) treten am Dreikönigstag nach ihren stampfenden, „tresternden" Bewegungen **Tresterer** genannte, glückverheißende Schönperchten auf. Sie sind in rot gemustertem Brokat und mit weißen Hahnenfedern und roten und weißen herunterhängenden Bändern geschmückten Hüten gekleidet und bringen tanzend, stampfend und springend Segen für Mensch, Ernte, Haus und Hof. Sie ziehen von Anwesen zu Anwesen und werden von den ungestümen und lärmenden „Schiachperchten" als Unheilbringer begleitet. Im **Rauriser Tal** sorgen die ihm eigentümlichen, vor dem Dreikönigstag von Hof zu Hof ziehenden **Schnabelperchten** für Reinlichkeit und Ordnung in den Stuben. Sie tragen alte Kittel, haben einen riesigen Schnabel und sind, mit Besen, Kraxe und mächtigen Scheren ausgestattet, unter andauerndem Gequake hinter Schmutz und Unordnung her. Während ihres langen Weges durch die Nacht wird ihr mühevolles Suchen und ihre wegen der angetroffenen Zustände gezeigte Aufgebrachtheit nicht nur durch in die Schnäbel gestecktes Geld besänftigt, auch vom oftmals angebotenen „Schluck" werden die vogelartigen Perchten zunehmend beflügelt. Beispiele Pinzgauer Brauchtums sind u.a. auch das **Krimmler Hexenspiel**, das symbolische **Viehopfer** in **St. Georgen/Bruck** (23. April), das **Leiden-Christi-Singen** in **Großarl** (Gründonnerstag, Karfreitag) und die **Pinzgauer Wallfahrt** (nach Heiligenblut, Ende Juni). Das **Ranggeln** ist ein unter Pinzgauer Burschen nach alten, ritualisierten Regeln ausgetragener Ringkampf. Er wird seit Jahrhunderten traditionell am Jakobstag im Juli auf dem Gipfel des Hundsteins bei Zell am See in über 2100 m Höhe ausgetragen. Den barfüßig, in einer Kleidung aus Leinen antretenden Ringern sind während der fünfminütigen Kampfzeit nur bestimmte Griffe erlaubt. Der Sieger erhält den jährlich verliehenen Titel „Hagmoar".Eine landschaftliche Besonderheit ist der **Rauriser Urwald**, ein zu den schönsten Bergwäldern der Hohen Tauern gehörender „Durchgangswald". Das durch einen Bergsturz entstandene, unberührte alpine Urland ist mit rund 90 moorigen Tümpeln durchsetzt. Eine ähnliche Einmaligkeit des Nationalparks Hohe Tauern ist der **Wiegenwald** auf einer Bergstufe des Stubachtals. Das großräumige, von Lärchen und Zirben bestandene Feuchtbiotop in 1700 m Höhe ist eine seit Jahrhunderten sich selbst überlassene Naturlandschaft. Der in Salzburg aus den Tauerntälern am Abschluß der Almweidezeit um Michaeli (29. September), nach Witterung auch bis in den Oktober durchgeführte **Almabtrieb** wird in manchen Pinzgauer Gemeinden (Krimml, Hollersbach) in traditioneller Weise gefeiert. Das mit Kopfschmuck aus Reisig, Papierblumen, Spiegeln, Bildern und Bändern prächtig herausgeputzte und mit „Abfahrtsglocken" behängte Almvieh wird in festlichem Zug zu den Winterstallungen in den Höfen zurückgebracht. Der vor der Rationalisierung der Landwirtschaft vielfach festlich begangene Abschlußtermin wird oft nur noch wegen der touristischen Attraktion wahrgenommen. Im Mai werden Rinder, Pferde und Ziegen aus dem Südtiroler Ahrntal mit einem **Viehtrieb** über den einstigen Säumerweg des **Krimmler Tauern** und durch das Windbachtal zur Weide auf Südtiroler Bauern gehörende Almen im Krimmler Achental getrieben. Am Ende der Almweidezeit, meist im Oktober, werden die Tiere, mit zunehmender Höhe oft schon durch tiefen Neuschnee, wieder über den 2633 m hohen Paß zurück in ihre Winterställe geführt.

Goldbergbau Rojachers, Schrägaufzug, Holzkonstruktion, als Steindamm bis auf ca. 2300 m weitergeführt.

Historische Walkmaschine zur Herstellung von Loden, Sammlung über heimisches Handwerk, Felberturm.

Schnabelperchten, in alten Kitteln, mit Schere, Besen und Kraxe, Nacht vor dem Dreikönigstag, Rauris.

Bildteil Seiten 107 bis 136 · Pongau

Blick vom Rücken des Roßbrand über das Ennstal bei Radstadt zu den Bergzügen der Radstädter Tauern.

Blick vom Ausgang des Großarltals in das Talknie der Salzach bei St. Johann und auf das Tennengebirge.

Johannesfall (Gnadenfall) der nördlichen, Radstädter Tauern, nahe Obertauern. Fallhöhe etwa 50 Meter.

Pongauer Einhof, Blockbau, wegen der Brandgefahr durch offenes Feuer gemauerte Küche, Untertauern.

1–21
Die Landschaften des Pongaus.
Die Täler der Salzach und der obersten Enns, zwischen den Gebirgszügen der Hohen und Niederen Tauern im Süden und den nördlichen Kalkstöcken des Hochkönigs, Hagengebirges, Tennengebirges und des Gosaukamms bilden die landschaftliche Szenerie des Pongaus. Die Salzach überwindet im westlichen Pongau zwischen Lend und Schwarzach ein nur Bahn und Straße Raum bietendes Durchbruchstal. In einem danach ab St. Johann nach Norden gerichteten, breiteren Trogtal verläßt sie in einer weiteren Durchbruchsstrecke zwischen dem Hagen- und Tennengebirge den Pongau. Die den Tauern im oberen Pongauer Salzachtal vorgelagerte schmale Kalkzone verleiht in einer mit den Mündungsstufen der Gasteiner Ache und des Großarler Bachs durch Auswaschungen und Klammbildungen besondere Attraktion (Liechtensteinklamm). Während der Fritzbach aus dem Filzmooser Talkessel zur Salzach nach Westen fließt, vereinigt sich die in den Radstädter Tauern (Flachau) entspringende Enns im Radstädter Becken mit den Tauernbächen Zauchbach, Taurach und Forstaubach und fließt nach Osten. Die nördlichen Bereiche der Tauern im Pongau, mit den Talschaften Gasteiner Tal, Großarltal (Sportwelt Amadé), Kleinarltal (Wagrain), Flachau und Zauchensee sowie dem Radstädter Tauern sind wegen der weniger steilen Hänge ähnlich den Pinzgauer Grasbergen für den Wintersport aufgeschlossen. Der Pongau ist mit dem Bezirk St. Johann ident.

6, 12, 13, 15, 16, 21
Salzachtal und Tauerntäler im Pongau.
Das Salzachtal ist der am frühesten besiedelte Teil des Pongaus. Bisher wurden bronzezeitliche Niederlassungen vor allem im Abbaugebiet für Kupfererz um Mitterberg (Gemeinde Mühlbach, wichtigste Fundstelle Österreichs) nachgewiesen. Das am Fuß des Hochkönigs liegende Tal des bei Bischofshofen in die Salzach mündenden Mühlbachs war schon im 17. Jh. v. Chr. von großer Bedeutung; Mitterberghütten war auch 1887 bis 1931 Standort einer Kupfererzverhüttung. Das Gefälle der Salzach wird im Pongau durch eine ganze Reihe von Kraftwerken genutzt. Solche bestehen auch an den Steilstufen der Gasteiner Ache und des Großarlbachs am Rand des Salzachtals und am Wagrainerbach (Kleinarlbach). Im Pongau kommen das Gasteiner und Großarltal aus den Hohen Tauern, das Kleinarl-, Enns- und Taurachtal aus den Radstädter, das Forstautal aus den Schladminger Tauern. Als Beispiel: Die Besonderheit des etwa 27 km tiefen **Großarltals** (Gemeinde Hüttschlag, Markt Großarl) ist die gegenüber anderen Nationalparktälern große Zahl von bewirtschafteten Almen – und der Kinderreichtum der Familien (oft 8 bis 10 Kinder). Die Siedlungen im hinteren Talbereich entstanden durch den im 16. Jh. extensiven Kupfer- und Schwefelabbau (Schmelzhütte Hüttschlag – großflächige Abholzungen – Almen), der letztlich 1863 stillgelegt wurde. Die östlich gelegenen Täler sind vor allem wegen der Erschließung für den Wintersport bekannt.

22–25, 51
Klammen, Wasserfälle, Seen.
Die für die Tauernbäche im östlichen Salzachtal typischen Klammbildungen sind im Pongau vor allem durch die **Liechtensteinklamm** des Großarlbachs bei St. Johann verkörpert. Sie ist etwa vier Kilometer lang, wird von einem 50 Meter hohen Wasserfall abgeschlossen und ist die bedeutendste Klamm in den Ostalpen. Die im seit 1876 begehbaren Teil überhängenden, bis auf zwei Meter zusammenfallenden Wände und vielförmigen Auswaschungen der Sohle bilden (trotz der zur Stromerzeugung teilweise abgeleiteten Wasserführung des Bachs) ein Naturschauspiel von großer Schönheit. Zwei der wenigen **Seen** des Pongaus liegen im inneren Kleinarltal und haben ganz gegensätzlichen Charakter: der **Tappenkarsee** im Talschluß, ein tiefer, durch Felssturz entstandener Gebirgssee (1768 m) mit leuchtend blaugrünem, durchsichtigen Wasser, und der in einer eiszeitlichen Wanne liegende seichte **Jägersee**, ein Talsee mit teilweise versumpften Ufern. Zu den Gebirgsseen gehören auch die **Pochkarseen** (2076 und 1872 m) im historischen Goldabbaugebiet des hintersten und die **Paarseen** auf der Gasteiner Höhe (1856 m), im vordersten Gasteinertal. Der Böndlsee und der Goldegger Teich, auf der klimabegünstigten Geländestufe nördlich der Salzach, sind Badeseen. Eine Rarität im Landschaftsinventar dieser Gegend ist der beim Schloß Schernberg gelegene kreisrunde Weiher, in dessen Mitte, auf einer kleinen Insel, ein Baum steht.

32–49, 52, 92–94, 96, 102
Bodenständiges Bauen.
Die bäuerlichen Hauslandschaften im Pongau bestehen aus alpinen Gruppenhofformen mit auf der Hofstatt voneinander getrennt errichteten Wohnhäusern und Stall/Scheunen. Der Paarhof (Zwiehof), die Grundform, ist nur aus diesen beiden Gebäuden gebildet, beim Haufenhof formen zusätzliche, auf der Hofstatt unregelmäßig angeordnete Gebäude ein Ensemble. Bei den Pongauer Paarhöfen sind seine beiden Gebäude meist parallelstehend, mit dem Giebel zum Tal hin ausgerichtet, das zweigeschossige Wohnhaus ist häufiger ein Mittelflurhaus mit giebelseitigem Hausgang. Die Wohnbereiche liegen talseitig. Kammern und Speicher bergseits, ein vom vorkragenden Legschindeldach geschützter Laubengang ist über den Flur des Obergeschoßes betretbar. Bis in das vergangene Jahrhundert waren die Höfe im Wohn- und Stallbereich Blockbauten, die inneren Trennwände der Wohnbauten sind oft phantasievoll in die Außenwand eingebunden (Malschrot, Zierschrot). Die flachen Pfettendächer waren noch bis ins 20. Jh. mit Legschindeln (Holzschindeln, von Stangen niedergehalten und mit Steinen beschwert) gedeckt. Im ehemaligen Bergbaugebiet bestehen noch Höfe, deren kleine, einhofartige Gebäude Wohnteil, Stall und Heuboden unter einem Dach vereinen. Blockbau ist die ursprüngliche Bauweise der Salzburger Bauernhäuser, da Holz in den von Fichte und Tanne ausgebildeten langen und geraden Stämmen in genügender Menge verfügbar war.

Blick vom Hochkeil über das Salzachtal bei Werfen zum verkarsteten Gebirgsstock des Tennengebirges.

Das Quellgebiet der Lammer im Pongau, Flußlauf in einer Talsohle am Fuß des Tennengebirges bei Lungötz.

Jägersee, im hinteren Kleinarltal, vom Kleinarlbach (aus dem Tappenkarsee) durchflossener Natursee.

Kleiner, einhofartiger Bauernhof, Blockbau, Stall und Futterspeicher unter einem Dach, Bach im Großarltal.

Bildteil Seiten 107 bis 136 · Pongau

Radstadt um 1750, Ölbild aus der Reihe der Städtebilder des Erzbistums Salzburg im Laufener Rathaus.

48–51, 52–58

Ansiedlungen im Pongau.
St. Johann im Pongau, 930 urkundlich, seit 1290 Markt, 2000 zur Stadt erhoben, im nach Norden gewandten Salzachtal, ist Sitz der Behörden und Hauptort des Pongaus. 1855 zerstörte ein Großbrand über 100 Häuser, im Zuge des Wiederaufbaus entstand bis 1858 auch die neugotische Dekanatskirche, der „Pongauer Dom". Das Ferien- und Wintersportzentrum St. Johann „Alpendorf" am Eingang des Großarltals, dessen Bergbahnen an den überregionalen Schiverbund Sportwelt Amadé angeschlossen sind, ist Zentrum des Fremdenverkehrs. **Bad Hofgastein**, alter Hauptort in der Mitte des Gasteiner Tals, um 1000 bezeugt, wahrscheinlich schon im 13. Jh. Markt (urkundlich 1371), wurde im 15. Jh. Hof in der Gastein genannt. Im 16. und 17. Jh. Bergbauort, erlangte der Markt erst durch den Bau der Thermalwasserleitung aus Badgastein im ersten Drittel des 19. Jh.s und durch die Tauernbahn Anfang des 20. Jh.s wieder Bedeutung. Der Markt ist überwiegend vom Fremdenverkehr geprägt. **Bischofshofen**, Stadt seit 2000, im nördlichen Salzachtal, geht auf ein altes, durch Abbau und Verarbeitung von Kupfererz entstandenes Siedlungsgebiet (Götschenberg) am Eingang zum Mühlbachtal zurück. Im um 700 „Pongo" (Pongau) genannten Gebiet wurde 711/12 vom hl. Rupert die „Maximilianszelle" zur Slawenmission gegründet. Von 1217 bis 1807 waren Kirche, Kloster und Hofmark Besitz des Bistums Chiemsee. Der durch den 1829 wiederbelebten Kupferbergbau und die 1875 fertige Eisenbahn aufstrebende Ort ist ein Bildungs- und Wirtschaftsknoten und eine an historischen Sakralbauten reiche Stadt. **Radstadt**, auf einer Felsterrasse an Taurach und Enns im 13. Jh planmäßig angelegt, erhielt das Stadtrecht 1289. Die Stadt schützte das bis zum Mandlingpaß reichende Salzburger Ennstal, dessen west-östliche Verkehrswege und die Straße über den Radstädter Tauern nach Süden. Der Handel mit Eisen, Salz und Wein und ein Stapelrecht brachten Wohlstand, die starken, noch erhaltenen Befestigungen gaben Sicherheit. 1365, dann bis 1865 zerstörte in jedem Jahrhundert ein Stadtbrand die bis Ende des 19. Jh.s nicht über die zum Teil über neun Meter hohen Mauern von 1289 ausgreifende Bebauung. Die früher strategisch wichtige, im Bauernkrieg 1525 vergeblich belagerte Stadt ist (mit Altenmarkt, dem römischen „Ani", dem ältesten Ort des Ennstals, der bis ins 13. Jh. „Rastat" hieß) das Zentrum des Ennspongaus.

Die Burg Hohenwerfen gegen das Tennengebirge, von der Anfahrt zur Dielalm am Fuß des Hochkönigs.

14, 77–83

Burgen und Schlösser.
Die meisten Burgen entstanden im Mittelalter als Wehr- und Wohntürme des Ritterstands an strategisch wichtigen Stellen und wurden später zu größeren Anlagen mit Bergfried, Palas und Ringmauer ausgebaut. Ursprünglich rein militärisch wichtig, hatten sie später als Sitz von Gericht und Verwaltung Bedeutung. Durch die Feuerwaffen blieb später nur zur Festung ausgebauten Burgen eine militärische Funktion. In Salzburg waren das Hohensalzburg und die **Burg Hohenwerfen.** Diese auf einem Felskegel im Salzachtal bei Werfen von Erzbischof Gebhard 1077 errichtete Sperrburg wurde in ihrer seit 1428 bestehenden Form im Bauernkrieg 1526 kampflos übergeben und zerstört. Durch Robot der Bauern entstand danach eine neue, verstärkte Burg, die von italienischen Baumeistern bis 1586 zu einer Festung mit zwei Vorburgen ausgebaut wurde. Im Dreißigjährigen Krieg erweitert, Rückzugs- und Verwahrungsort, im 18. Jh. zumeist Gefängnis, 1804 von den Franzosen der Kanonen beraubt und verfallend, kam die Festung 1898 an Erzherzog Eugen, wurde restauriert, 1931 durch Brand beschädigt und 1938 vom Land gekauft. Die Burg kann in Teilen besichtigt werden (Schauräume, Falknerei) und ist Ausstellungsort. Die **Burg Goldegg**, 1323 von den Herren von Goldegg neu erbaut, nachdem der Erzbischof die nahe Stammburg zerstört hatte. Nach Erbstreitigkeiten ab 1455 im Besitz der Erzbischöfe, von diesen an den Pfleger von Radstadt und einen Gasteiner Gewerken verkauft, ab 1612 wieder im Besitz der Landesherren, bis 1854 Sitz des Pfleggerichts. Der Palas (14. Jh.), Nordtrakt der vierflügeligen Anlage, enthält im Rittersaal die beste einheitliche Raumausstattung aus dem ersten Drittel des 16. Jh.s in Salzburg: in Tempera mit biblischen Szenen und Ornamenten bemalte hölzerne Verkleidungen (Raumtrennung), an den übrigen Wänden Fresken und eine in Felder geteilte Holzdecke mit breiter Hohlkehle, darauf 137 Wappen der Reichsstände, des Erzstifts und Adels. Die Burg, Besitz der Gemeinde Goldegg, ist Kulturzentrum und Sitz des Pongauer Heimatmuseums. Ein für die Ansitze in Salzburg typisches Bauwerk ist das spätgotische **Weitmoserschlössl** (1554) in Bad Hofgastein, Anfang des 17. Jh.s erweiterter Sitz der Gasteiner Gewerken gleichen Namens. Das erzbischöfliche **Jagdschloß Blühnbach** im Blühnbachtal wurde Anfang des 17. Jh.s erbaut, war im 18. Jh. Gestüt, kam 1816 an den Staat und ist heute Privatbesitz.

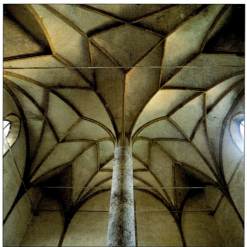
St. Nikolaus, Badgastein, quadratisches Kirchenschiff, von der Mittelsäule aufsteigendes Netzrippengewölbe.

54, 59–76, 103

Kirchen und sakrale Kunst.
Der besondere wirtschaftliche Status, den der Bergbau einigen Talschaften in den Hohen Tauern zu manchen Zeiten ermöglichte, fand auch Ausdruck in der Ausstattung der Sakralbauten. **Pfarrkirche Bad Hofgastein.** Die Pfarre Bad Hofgastein besteht fast 1000 Jahre, eine Pfarrkirche ist 1023 als älteste Vorgängerin des in der heutigen Gestalt zwischen 1498 und 1507 errichteten, spätgotischen Bauwerks urkundlich. Das dreischiffige, im höheren Mittelschiff sternrippengewölbte, in den Seitenschiffen netzrippengewölbte Langhaus wird von einer gotischen Empore und einem gotischen, in der Breite des Mittelschiffs anschließenden Chor abgeschlossen. Die Kirche hat eine besonders schöne, zum größten Teil 1738 bis 1748 und früher entstandene, barocke, vor allem figurenreiche Einrichtung, der Hochaltar mit Opfergangsportalen und einer in den Aufbau eingebundenen spätgotischen Muttergottes mit Kind (um 1500) ist einer der schönsten Barockaltäre Salzburgs. An den Außenwänden sind zahlreiche Grabsteine der hier am Goldbergbau beteiligten Gewerkenfamilien (Zott, Weitmoser und Strasser) aufgestellt. Die gotische **Filialkirche St. Nikolaus** in Badgastein wurde um 1400 am nördlichen Ortsrand in Hanglage erbaut und war vom Friedhof umgeben. Das spätgotische Kirchenschiff mit eingezogenem erhöhtem Chor hat quadratischen Grundriß und ist mit einem von einer Mittelsäule getragenen Netzrippengewölbe abgeschlossen. Die Besonderheit der Kirche sind die zahlreichen, zwischen 1470 und 1517 entstandenen spätgotischen Wandmalereien. Unter anderem im Schiff: Christus in der Mandorla, 12 Apostel, Jüngstes Gericht, Wurzel Jesse, Stifterfigur mit dem Wappen der Familie Framynnger (Wirts- und Badhausbesitzer), Christus am Ölberg, Auferstehung, Himmelfahrt; im Chor: Mannaregen, Schutzmantelmadonna, Darstellungen aus dem Leben des hl. Nikolaus. Der Hochaltar entstand um 1755, die übrige frühbarocke Einrichtung um 1650, die Kanzel in der Erbauungszeit. Die **Pfarrkirche Bischofshofen** steht an der Stelle von Vorgängerbauten, die bis Mitte des 9. Jh.s nachweisbar sind. Die heutige gotische Staffelkirche mit Querschiff und Vierungsturm (im Kern romanisch) stammt im Chor aus dem 14., in Langhaus, Gewölbe und Vorhalle aus der Mitte des 15. Jh.s (Bischof Pflieger, Chiemsee). Sie war ursprünglich eine Klosterkirche, vom 12. bis ins 13. Jh. eine mit dem Gebäude des im 12. Jh. gegründeten Kollegiatstifts (Kastenhof)

Pfarrkirche Bad Hofgastein, rechtes Seitenschiff, Seitenaltar und Kanzel, 1716, Blick zum Hochaltar.

verbundene Stiftskirche und gehörte ab 1216 dem Bistum Chiemsee. Sie enthält spätgotische, um 1500, und andere um 1650 gemalte Fresken, einen Ende des 17. Jh.s entstandenen Hochaltar, aus Opfergangsportalen (Thomatal) gestaltete Seitenaltäre und einen reichen spätgotischen und barocken Figurenschmuck auf Altären und Konsolen. Das 1423 entstandene mittelalterliche Marmorhochgrab des Chiemseer Bischofs Pflieger ist das einzige seiner Art in Salzburg. Aus Bischofshofen stammt das romanische, um 700 entstandene „Rupertuskreuz", das im Salzburger Dommuseum ausgestellt ist. Die **Pfarrkirche Pfarrwerfen**, in dominierender Lage, vom Friedhof umgeben, bildet mit dem Pfarrhof ein Ensemble. Sie ist die Altpfarre des nördlichen Pongaus und als „parrochia S. Cyriaci" 1074 urkundlich (bis ins 19. Jh. hieß der Ort St. Cyriak). Die heutige spätgotische, dreischiffige, netz- und kreuzrippengewölbte Basilika entstand im 15. Jh. Die Kirche enthält drei gotische Flügelaltäre, deren Schnitzwerk und Malerei zum größten Teil Anfang des 16. Jh.s entstanden ist. Sie wurden 1865 mit neugotischen Aufbauten aufgestellt. Im Mittelschiff werden die beim Umgang am Dreifaltigkeitssonntag getragenen Prangstangen aufgereiht. Die **Pfarrkirche Altenmarkt**, eine dreischiffige vom Friedhof umgebene gotische Basilika, entstand an der Stelle romanischer, 1074 genannter Vorgängerbauten und bildet mit dem 1395 erbauten Karner und dem Pfarrhof ein baulich verbundenes Ensemble.

Gotischer Flügelaltar, Aufbau neugotisch, Madonna Anfang, Reliefs späteres 16. Jh. Pfarrkirche Pfarrwerfen.

207

Bildteil Seiten 107 bis 136 · Pongau

Wasserfall der Gasteiner Ache im Ortsgebiet Badgasteins, Länge ca. 350 Meter, Wasserführung reduziert.

51, 53

Bad Gastein, Gasteiner Tal.

Der wie in Rauris seit keltisch/römischer Zeit betriebene Goldbergbau war der älteste Wirtschaftszweig in „der Gastein". Das heilkräftige Wasser der **Bad Gasteiner** Quellen (radonhaltig, 45°C) und seine Eigenschaften waren ebenfalls zur Römerzeit und im Mittelalter, ein Badebetrieb Mitte des 14. Jh.s und um 1500 (Paracelsus), bekannt. Als Heilbad Ende des 15. und im 16. Jh. bedeutend, begann für Gastein Anfag des 19. Jh.s durch den Bau des Badeschlosses und des Hauses Meran (1828, Erzherzog Johann) ein bis Anfang des 20. Jh.s dauernder Aufstieg zum Weltkurort. Er wurde zuerst vom Hochadel und seiner Entourage, später vom Geldadel und dessen Anhang gefördert. Mit der zwischen 1901 und 1905 durch das Gasteiner Tal gebauten Tauernbahn (Nordrampe) und dem 1909 fertige Tauerntunnel entstand eine Bahnlinie, die für das Eisenbahnnetz der Monarchie stategisch, für das Gasteiner Tal wegen des Fremdenverkehrs von großer Bedeutung war. Der Kur- und Wintersportort an einer Steilstufe im Talschluß mit seiner vom Historismus geprägten, großstädtischen Anmutung ist das bedeutendste Heilbad Österreichs (Heilstollen Böckstein) und war Schauplatz historischer Ereignisse. **Bad Hofgastein**, das in der Talmitte gelegene alte Zentrum, weniger glamourös, erhielt 1830 zum Kurbetrieb Gasteiner Heilwasser zugeleitet. **Dorfgastein**, nahe des Talausgangs, ist das bodenständigste der drei Gastein und ein Ferienzentrum.

Bad Hofgastein, Tauernbahn, Angerschluchtbrücke, 1905, eines der besten Brückenbauwerke der Zeit.

Pongauer Perchtenlauf. Berittener Fest- und Hochzeitsschnalzer, Fähnriche, Peitschenverein St. Johann.

84–91

Brauchtum.

Die „Frau Percht" war eine Gottheit der Mythologie, Schicksalsfrau und Seelenbegleiterin (ungetaufte Kinder), symbolisch für Kontrolle, Ordnung und Strafe in der Antike (Jahreswechsel), im Mittelalter ein Sinnbild der Sünde (Prunksucht). Im 16. Jh. wurde ihr Name auf die sie begleitenden Unholde übertragen, deren teuflisches Treiben die Kirche mit Argwohn beobachtete und im 17. und 18. Jh. auszumerzen versuchte. Die im 19. Jh. beginnende Wertschätzung der Volkskultur machte den Perchtenlauf zu einem folkloristischen Schauspiel. In den Perchtenläufen des Pongaus hat das Brauchtum um die weibliche Sagengestalt der „Percht" eine spezielle Ausformung erhalten. In der Brauchtumsvielfalt des gebirgigen Salzburgs sind die jährlich wechselnden Perchtenumzüge in St. Johann, Gastein, Altenmarkt und Bischofshofen besonders eindrucksvolle Ereignisse. Sie finden meist am 5. Jänner statt. Die Umzüge werden von den kunstvoll gestalteten und bis zu vier Meter hohen, am Kopf getragenen Tafelaufsätzen der strahlenden „Schönperchten" (Tafelperchten, Turmperchten) und von einer Gegenwelt wilder Teufelsgestalten, den „Schiachperchten", charakterisiert. Die Zier der Tafeln ist vielfältig (Spiegel, Jagdtrophäen, Silberschmuck, Uhrketten, Bänder, Papierblumen usw.) und hat symbolische Bedeutung. Der Perchtenlauf soll die fruchtbarkeitsbringenden Dämonen des Bodens und der Natur beschwören. Die Perchtenläufe in St. Johann und Gastein haben über hundert, ausschließlich männliche Mitwirkende in Verkleidungen als Sternträger, Kornweibl und Korbmandl, Pfannflicker, Schnabelpercht, Habergoaß, Bärentreiber, Baumwircher, Zapfen- und Mausmandl, Stockspringer u.a. Alle Frauengestalten werden von Burschen dargestellt. Das **Schützenwesen** in der Form organisierter Vereine hat seine Anfänge im Mittelalter. Die Schießübungen, zuerst mit Bogen, dann mit der Armbrust, dienten der Förderung der Wehrhaftigkeit der Bürger (Städte). Mit dem Aufkommen der Feuerwaffen im 16. Jh. begann das Scheibenschießen (die Schützenscheiben haben dokumentarischen Wert); den Bauern war die Waffenfreiheit bestätigt. Ab dem 17. Jh. formierten sich die Standschützen, die von 1809 an (Freiheitskampf) auch in Salzburg viel zur Identifikation mit der Heimat beigetragen haben und heute noch, wenn auch wie die Perchten oft als folkloristische Touristenattraktion, ein Teil des traditionellen Brauchtums in Salzburg sind.

Puppenhaus, Mitte 18. Jh. (Pongau?), Volkskundliche Sammlung, Pongauer Heimatmuseum, Goldegg.

80, 81, 93, 95, 98

Museen und Sammlungen.

Das **Pongauer Heimatmuseum Burg Goldegg** ist bemüht, die Volkskultur des Pongaus in ihren typischen Erscheinungsformen faßbar zu machen. Die Sammlung ist in fünf ehemaligen Wohnräumen der Burg untergebracht und versucht, durch die Art der Aufstellung ein intimeres Verhältnis zum Besucher herzustellen. Die raum- und stilbezogene Anordnung verzichtet weitgehend auf Vitrinen, zeigt die historischen Möbel mit dem zu ihnen gehörenden richtigen Inhalt eingeräumt und macht so in „bewohnten Räumen" eine unmittelbare Begegnung mit der Geschichte möglich. Neben bäuerlicher Wohnkultur, Reaissance- und Barockmöbeln, bäuerlichem Hausrat, Beispielen bäuerlicher Aussteuer, Bader- und Sauschneidergeräten ermöglichen Trachten, Schmuck und landwirtschaftliche Geräte einen facettenreichen Blick in die Vergangenheit. Die zahlreichen weiteren Museen des Pongau beziehen ihren Schwerpunkt aus den für ihre Ausstellungsorte charakteristischen Gegebenheiten. Als Beispiele: das **Böcksteiner Montanmuseum Hohe Tauern** (Geschichte der Edelmetallbergbaus der Gasteiner Tauern), das **Nationalparkmuseum Hüttschlag** (Obstbau, Bienenzucht, Schnapsbrennen), das **Bergbaumuseum Mühlbach** und das **Montandenkmal Arthurstollen** in St. Johann (Kupfer), das **Tauernstraßenmuseum** in Eben (Römerstraße-Tauernautobahn) oder die Waffenschau und die bestückten **Bastionen** der Burg Hohenwerfen.

Hohenwerfen, Geschützstellung der im 16. Jh. von italienischen Baumeistern zur Festung ausgebauten Burg.

Historische Falknerei und Falknereimuseum Burg Hohenwerfen, Falkner, Flugvorführung mit einem Adler.

83, 97, 99

Besonderheiten.

Die historische **Burgfalknerei** und das **Falknereimuseum** auf **Hohenwerfen** macht das Wesen der traditionellen Jagd mit Greifvögeln auf Niederwild in dessen natürlichem Lebensraum anschaulich. Dabei wird dem Verhalten der Greifvögel in freier Natur weitgehend entsprochen. Schon immer, vor allem in 17. und 18. Jh., als höfische Jagdform betrieben, verlor die Beizjagd später ihre Bedeutung (Jagdregal, das Recht auf die Jagd, ging dem Adel verloren) und wurde erst Anfang des 20. Jh.s wiederbelebt. Das Museum und die Flugvorführungen (Adler, Geier, Falken. Uhu) geben einen Einblick in die Geschichte und das Wesen der klassischen Falknerei. **Mauthaus Alte Wacht**, Großarl. Von hier wurde der Zugang ins Großarltal kontrolliert. Das Gebäude wurde auch Steg, später Segenswacht genannt, weil an dieser Stelle der Weg über einen Steg um den Felsen herum geführt war. Das heutige Gebäude hat Vorläufer, die schon im Mittelalter bestanden, die Straße, die es kontrolliert, wurde an dieser Stelle ist 1566 aus dem Fels gehauen. Sie war die erste direkte Zufahrt in das vorher nur von Dorfgastein über das Arltörl erreichbare Großarltal. Die Wacht war daraufhin Mautstelle (1655 mit Soldaten besetzt, um die Ausbreitung der Pest zu verhindern), wurde 1681 neu erbaut und war dann ständig mit einem Posten besetzt. Das heutige Aussehen erhielt das Gebäude durch Sanierungsarbeiten Anfang und Mitte des 19. Jh.s. Die Alte Wacht war bis 1905 auch Rasthaus für die Fuhrwerke aus dem und ins Großarltal. Bis zur Fertigstellung der neuen Brücke 1987 führte der gesamte Verkehr durch das Gebäude. Das Naturdenkmal der **Eisriesenwelt** im Tennengebirge bei Werfen, rund 1000 Meter über dem Talboden der Salzach, ist mit dem bisher erforschten über 40 km großen Gesamtnetz eines der umfangreichsten Höhlensysteme und die größte Eishöhle der Welt. Das während der Schneeschmelze über den durchlässigen Kalkaufbau des Gebirges in die Hohlräume einsickernde Wasser gefriert durch die in ihnen während des Winters gespeicherte Kälte zu bizarren Gebilden, die in den riesigen Hallen und Gängen das ganze Jahr über erhalten bleiben. Die Höhlen waren noch Anfang des 19. Jh.s weitgehend unbekannt, wurden ab 1920 erschlossen, waren im Eisteil ab 1924 begehbar und ab 1953 zum Teil durch eine Straße, ab 1955 von deren Ende bis zum 1925 erbauten Schutzhaus mit einer Seilbahn, erreichbar.

Bildteil Seiten 137 bis 166 · Lungau

Mururspung, Quellgebiet der Mur zwischen den westlichen Schladminger Tauern und der Hafnergruppe.

Bundschuhtal, Schönfeld, von den Nockbergen bestimmter Gegensatz zu den Lungauer Tauerntälern.

Die Talenge der Mur oberhalb der Einmündung des Muritzenbachs, Blick zum Großen Reicheschkogl.

Bäuerliches Ensemble, unregelmäßige, mit Brettschindeln gedeckte Zwiehöfe, Eingang zum Lessachtal.

1–26

Die Landschaften des Lungaus.

Der Lungau ist ein nahezu vollständig von Hochgebirgszügen umschlossener Talkessel im Südosten Salzburgs, dessen Zugehörigkeit zum jenseits des Hauptkamms der Tauern liegenden Land mehr in der Politik der Salzburger Erzbischöfe als durch natürliche Gegebenheiten begründet ist. Der Lungau besteht aus dem zwischen den Niederen Tauern im Norden und Westen und der den Abschluß der Hohen Tauern bildenden Hafnergruppe und den anschließenden Gurktaler Alpen im Süden liegenden Quellgebiet der Mur. Er ist eine abgeschlossene Kessellandschaft und eigentlich nur durch das dort enge Flußtal der Mur nach Osten offen und über diesen natürlichen Verkehrsweg mit der Steiermark verbunden. Der Mitterberg teilt den Lungau in eine nördliche und eine südliche Hälfte. Die nördliche Hälfte mit dem Hauptort Tamsweg wird im Bereich der Niederen Tauern bis zum Murtal durch die Einschnitte der hier entspringenden sechs Bäche in Talschaften gegliedert. Die südliche Hälfte mit dem Hauptort St. Michael umfaßt zwei Täler im Bereich der Hohen Tauern und eines in den zu den Gurktaler Alpen gehörenden Nockbergen. Außer Ramingstein liegen alle Siedlungen in über tausend Metern Seehöhe. Seine Abgeschlossenheit beschert dem Lungau Bestwerte bei Wasser- und Luftgütemessungen, die schüsselförmige Gestalt macht ihn zu einem Kältepol Österreichs, läßt aber auch eine sommerliche Schönwetterinsel (Mariapfarr) entstehen.

6, 12–15, 22, 25, 27–34, 61, 68, 70

Die Lungauer Täler und Gewässer.

Die zentralalpine Wasserscheide der Hohen Tauern bildet östlich der Arlscharte zwei auseinanderstrebende Äste aus: den zu den Hohen Tauern gehörenden südlichen Gebirgszug der Hafnergruppe zwischen der Arlscharte und dem Katschberg, der sich in den Nockbergen fortsetzt, und den mit den Radstädter Tauern nordöstlich, mit den Schladminger Tauern dann östlich gerichteten Gebirgszug der Niederen Tauern. In diesem Bereich fließen alle Lungauer Gewässer zur Mur. Die acht Täler des Lungaus streben vom durch den Mitterberg geteilten Lungauer Becken dem es umschließenden Ring der Gebirgszüge zu. Der Mitterberg trennt die großen bei Tamsweg zusammenlaufenden Böden des **Taurachtals** und des **Murtals**. Die Quellen der Mur liegen in den Hohen Tauern (Mururspung), das vorherrschende Gestein aus mit kristallinen Schiefern umgebenem Gneis bestimmt hier die enge Talform. Das breitere mit dem Riedingbachtal in die Radstädter Tauern greifende **Zederhaustal** mit dem Zederhausbach mündet bei St. Michael in die Mur. Das hier aus Schiefer und Kalk bestehende Gestein baut von Schutthalden gesäumte, stockartige Gipfel und Grate, sanfte Almböden (auf Quarzgestein) kontrastieren mit dolomitenartig schroffen Zacken und Zinnen. Aus eiszeitlicher Vergletscherung blieben viele Kare und Karseen bestehen. Hier entspringt auch die **Taurach** (Lantschfeldbach), deren oberes Tal bis Mauterndorf diese Ausformungen hat.

Die östlich des Radstädter Tauernübergangs am Oberhüttensattel anschließenden Schladminger Tauern, ein Gebirgszug aus dem kristallinen Gestein der Zentralalpen mit Kalkspitzen, wird vom **Weißpriachtal**, **Lignitztal**, **Göriachtal** und **Lessachtal** erschlossen. Die oft nach ebenen mäanderartigen Fließstrecken in den Talweitungen, in durch Gletscherschürfungen entstandenen Steilstufen oder durch Bergstürze hervorgerufene klammartigen Engen wildbewegten Gebirgsbäche gleichen Namens münden alle in der nördlichen Hälfte des Lungaus in die Taurach. Die ausgeprägte Trogform des Lignitz-, Göriach- und Lessachtals ist ein Relikt der eiszeitlichen Vergletscherung und wegen des widerstandsfähigen Gesteins gut erhalten. Die aus den Schladminger Tauern kommenden Gewässer entstammen meist einem der überaus zahlreichen, für dieses Gebirge typischen Karseen. Eine Ausnahme unter den Gebirgsbächen des Lungaus ist der durch das **Thomatal** zur Mur bei Mandling fließende **Thomabach**, dessen Quellgewässer (Feld- und Bundschuhbach) aus den Nockbergen kommen und in diesen, den breiten Bergrücken und Sätteln entsprechend, sanfte, weitere Talformen haben. Eine Sonderform ist auch der durch die teilweise versumpfte Furche des **Leißnitztals** entlang des Nordhangs der Murberge (Lasaberg) von Osten bei Tamsweg in die Mur mündende **Leißnitzbach**. Der **Prebersee** ist ein kleiner Badesee in einem moorigen Hochtal (1514 m Seehöhe) am Fuß des Preber.

40–60, 109

Bodenständiges Bauen.

Der als Kulturlandschaft durch die Tauern vom übrigen Salzburg getrennte Lungau gehört als Folge dieser Lage und seiner Siedlungsgeschichte in seinen Haus- und Hofformen zum innerösterreichischen Raum. Die Niederen Tauern bildeten die Grenze der slawischen Besiedlung; in den Hauslandschaften zeigen sich deutliche Unterschiede zu den übrigen salzburgischen, bayrisch beeinflußten Bauformen nördlich des Gebirgskamms. Signifikant ist die Bauweise der steilen, mit Brettschindeln eingedeckten Dächer und deren Abwalmung (Schopf). Die Dachsäume kragen nur wenig über die Giebelflucht vor, die obere Giebelfassade ist durch einen Mantel aus Läden geschützt, das Obergeschoß meist nicht voll ausgebaut und als Kniestock abgezimmert. Es bestehen meist alpine Zwiehöfe (Gruppenhöfe), weniger Einhöfe. Die älteren Zwiehöfe, „Lungauer Haufenhöfe" (unregelmäßig) oder „Lungauer Paarhöfe" (parallele Firste), bestehen meist aus einem giebelseitig erschlossenen Mittelflurhaus mit gemauertem Erdgeschoß und einer Stallscheune in Blockbau, deren Giebelfront mit Brettern verschalt und mit in Rundbogenformen ausgeführten Belüftungs- und Beschickungsöffnungen versehen sind. Typisch ist auch die am hinteren Giebel durch ein weit heruntergezogenes Dach geschützte, über eine Brücke führende Einfahrt in die Hochtenne. Die Lungauer Einhöfe sind meist aus der baulichen Verbindung vorher getrennt errichteter Wohn-

Blick von Pichl (Mariapfarr) zum sanft ansteigenden Bergrücken des Preber, Grenze zur steirischen Krakau.

Weißpriachtal, nach einer Steilstufe (Lahnbrücke) talauswärts im Geröllbett, danach moorig auslaufend.

Weißpriachbach, auf einer, in den Ursprungstälern aller Gebirgsbäche der Tauern typischen Fließstrecke.

Lungauer Bauernhaus, traufseitig aufgeschlossen, gemauertes Erd-, gezimmertes Dachgeschoß, Lintsching.

Bildteil Seiten 137 bis 166 · Lungau

Lungauer Almhüttendorf, Hintergöriach, Blick zum Talschluß des Göriachtals, Schladminger Tauern.

Burg u. Markt Mauterndorf mit Weiler St. Gertrauden, Steindorf und Weiler Am Moos (links und links oben).

2, 10, 61–72

Blick über das Lessachtal, das Kirchdorf Lessach und den Gummaberg zur Kreuzhöhe, Schladminger Tauern.

Burg Mauterndorf und Abhang des Speiereck, Bergfried, 13. Jh. (rechts), Wohnturm, Ende 15. Jh. (links).

71, 84, 88–90

und Stallgebäude entstanden und haben meist die Form eines Streckhofs mit Querflur. Diese Bauart findet sich in Kleinform auch in den Niederlassungen der im bis ins 19. Jh. prosperierenden Bergbau Beschäftigten. Zur Abgrenzung der Hofstatt gegen das Weideland sind Formen des Ringzauns und des Stangenzauns gebräuchlich. Beim Stangenzaun (Rantenzaun) sind waagrechte Stangen in die wachsend hohen Kreuzungen von schräg gegeneinander eingeschlagenen Steckenpaaren gelegt. Eine Eigentümlichkeit und architektonische Rarität des Lungaus sind die gemauerten, vom Wohnhaus getrennt errichteten **Getreidekästen**. Sie waren ursprünglich wie die Brechelbäder (heizbare, freistehende Häuschen zum Dörren von Obst oder Flachs, auch als Badestube verwendet) aus Kantholz gezimmert. Diese als Blockbauten mit großem handwerklichen Können (Eckverbindungen mit doppeltem Schwalbenschwanz) errichteten Speicher für Lebensmittel wie Getreide (Troad) und Saatgut, Mehl und Räucherfleisch wurden ab dem 17. Jh. in hoher, turmartiger Gestalt aus Mauerwerk erbaut. Sie sind meist in der Freskotechnik mit schwarz-weißen oder bunten Ornamentbändern und Eckquaderungen bemalt. Der Zierat auf den gemauerten Kästen geht auf Stilelemente aus Renaissance und Barock zurück. Eine weitere Lungauer Eigentümlichkeit sind die aus Ansammlungen kleiner, im Blockbau errichteter Häuschen gebildeten „**Almhüttendörfer**" (z.B. Granglitzalm, Mislitzalm, Göriachtal).

Ansiedlungen im Lungau.

Siedlungsspuren reichen im Lungau in die Bronzezeit zurück. Dauerbesiedlung bestand erst in der Römerzeit. Um 570 wanderten Slawen ein, im 7. Jh. war die Bevölkerung meist slawisch, im 8. Jh. siedelten Bayern, die bis Ende des 10. Jh.s vorherrschend wurden. Der Lungau, Teil Karantaniens, kam 1213 an die Erzbischöfe, wurde aber von Friesach (Kärnten) aus verwaltet. Mit Gastein und Rauris war der Lungau mit dem Gold-, Silber- und Arsenikbergbau im Murwinkel, dem Edelmetallrevier um Ramingstein und der Eisenverhüttung in Bundschuh das wichtigste Montangebiet Salzburgs. Außer der historischen Partizipation am Nord-Süd-Gütertransit war nachteilig, daß der Lungau erst durch die Murtalbahn Ende des 19. Jh.s, den Ausbau der Straßen über den Tauern, den Katschberg und nach Murau und in den 70er Jahren des 20. Jh.s durch die Tauernautobahn mit dem überregionalen Verkehrsnetz verbunden wurde. **Mauterndorf**, am römischen Verkehrsweg Aquileia-Teurnia-Tauern-Iuvavum, war schon im 1. Jh.n.Chr. wichtig für diese Nord-Süd-Verbindung. 1002 erhielt ein Gut des Salzburger Domkapitels vom König das Mautrecht, der Markt ist damit die älteste Zollstätte der Ostalpen. Der Ort, als Siedlung urkundlich 1144, Marktrecht 1217, war Zentrum der Lungauer Besitzungen des Domkapitels, das 1253 die Burg erbaute. Anfang des 16. Jh.s wurden die Saumpfade zum Fahrweg ausgebaut. Um 1550 passierten etwa 9000 Fuhrwerke und 3000 Saumpferde den damals größten Markt des Erzbistums und transportierten jährlich ca. 3300 Tonnen Güter. Mauterndorf ist durch spätmittelalterliche Bausubstanz ausgezeichnet (Treppengiebelhäuser). Die Ursprünge von **Tamsweg**, Hauptort und Sitz der Verwaltung des Lungaus, an der Mündung der Taurach, des Lessach- und des Leißnitzbachs in die Mur gelegen, werden mit der auf der Tabula Peutingeriana verzeichneten Statio Tamasicis in Verbindung gebracht. Die um 1160 urkundliche Siedlung kam im 13. Jh. an das Domkapitel, wurde zum Markt ausgebaut und erhielt 1416 ein Marktprivilegium. Der sich als Sitz der Kuenburgschen Herrschaft, durch Salz und Eisenhandel und die Wallfahrten nach St. Leonhard gut entwickelnde Ort wurde 1790 Sitz des Pfleggerichts. Die Verbauung um den zentralen Marktplatz stammt größtenteils aus dem 16. und 17. Jh. Der Markt **St. Michael**, an der Mündung des Zederhaustals in das Murtal, am Fuß des Katschbergs, ist wie Mauterndorf eine wichtige Station des historischen Nord-Süd-Handelswegs. Als Kirchsiedlung Mitte des 12. Jh.s urkundlich. Wirtschaftlicher Aufstieg durch den Gold-, Silber- und Arsenikbergbau („Hittrach", lange Zeit die größte Produktionsstätte Europas) in Schellgaden und Rotgülden im Murwinkel. Der Markt war ab 1790 mit Tamsweg Sitz des Pfleggerichts. Heute ist St. Michael vom Fremdenverkehr geprägt und Anbindungspunkt an die Tauernautobahn, dem wetterfesten Anschluß an Salzburg. Die Gemeinde mit Kirchsiedlung **Mariapfarr** am klimatisch begünstigten Nordhang des Taurachtals ist die Urpfarre des Lungaus und als „ecclesia ad Lungouue" 923 urkundlich. Zur vom Fremdenverkehr geprägten Gemeinde gehören eine ganze Anzahl von Weilern und Einzelhofsiedlungen. Für die wenig ebenen Raum bietenden Lungauer Täler sind von Streusiedlungen mit Einzelhöfen umgebene Kirchdörfer in Form von Haufendörfern charakteristisch. Beispiele dafür sind: **Muhr** im Quelltal der Mur, **Weißpriach** (Kirchweiler St. Ruprecht am rechten Talhang, Weiler Vorder- und Hinterweißpriach, Schwaig und Sonndörfl im Tal des Weißpriachbachs), **Göriach** (Dorf Wassering am Talboden, Weiler Vorder- und Hintergöriach am Hang) im Tal des Göriachbachs, **Lessach** (Oberdorf am Hang, Unterdorf am Fluß) im Tal des Lessachbachs und Thomatal, Kirchweiler im Tal des Thomabachs. Der Lungau, ident mit dem Bezirk Tamsweg, hat die geringste Bevölkerungsdichte aller Gaue Salzburgs.

Burgen und Schlösser.

Die **Burg Mauterndorf** wurde mit päpstlicher Bewilligung 1253 vom Salzburger Domkapitel als rechteckige Ringmaueranlage mit Palas und freistehendem Bergfried errichtet und im 14. Jh. durch Aufstockung, Erweiterung der Mauern zur Sperre der Tauernstraße (Maut) und einen Kapellenbau erweitert. Die von den Türken und Ungarn verwüstete Burg erfuhr noch im 15. Jh. bis Ende des 16. Jh.s im Bereich des Palas (Wohnturm, holzgetäfelte „Keutschachzimmer" mit gotischer Rankenausmalung, 1513) und der äußeren Ringmauer Erweiterungen zur heutigen Größe. Eine Rarität ist die 1339 geweihte, 1855 renovierte Burgkapelle, deren Fresken in der Apsis und an der Triumphbogenwand im 14. Jh. gemalt wurden. Die **Burg Moosham**, 1256 urkundlich, in einer die wichtigen Straßen nach Kärnten, Salzburg und Steiermark beherrschenden Lage (Station Immurium), gelangte 1281 in den Besitz der Erzbischöfe. Die ursprünglich aus zwei Burgen bestehende Anlage wurde im 16. Jh. ausgebaut. Sie war Sitz des Pfleggerichts, ab Mitte des 14. Jh.s des Landgerichts. Als solcher gewann Moosham durch die Hexen-, Zauberer- und Bettlerprozesse des 15. und 16. Jh.s mit den hier abgeführten Verfahren und 44 Hinrichtungen traurige Berühmtheit. Die **Ruine Klausegg** und die „Klause", eine ehemalige Grenzfestung und Straßensperre zur Steiermark bei Seetal östlich von Tamsweg, sind Reste einer erzbischöflichen Befestigung aus der 1. Hälfte des 13. Jh.s.

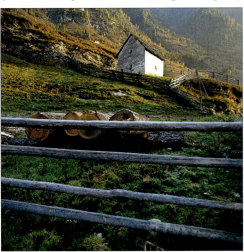

Getreidekasten, Jedl, Quelltal der Mur bei Rotgülden (ältester, am längsten bestehender Lungauer Bergbau).

Blick über Mariapfarr zum Göriachtal, Gummaberg, Kreuzhöhe, Kasereck, Steinkarlegg und Hochgolling.

Burg Moosham am Südhang des Mitterbergs. Ende des 19. Jh.s aus verfallenem Zustand sachkundig saniert.

Bildteil Seiten 137 bis 166 · Lungau

Filialkirche St. Gertrauden, Mauterndorf, romanische Kirche mit geringen gotischen u. barocken Umbauten.

58, 73,–86, 107

Flügelaltar, 1. Viertel 16. Jh., Martinsaltar, geschnitzter Schrein, Flügelbilder. Filialk. St. Martin im Lungau.

Hochofenmuseum Bundschuh, Hochofen, 1400 m Seehöhe, Verhüttung von Erz aus benachbartem Abbau.

87, 88, 89, 92–94

Zederhauser Prangstangen, Photographie vom Anfang des 20. Jh.s. Salzbg. Museum Carolino Augusteum.

95, 97–105, 108

Kirchen und sakrale Kunst.

Als Folge der wirtschaftlichen Verhältnisse der im Gebirge lebenden Menschen, blieb hier mehr von dem erhalten, was sonst dem Wandel von Stil und Geschmack zum Opfer gefallen ist. Durch Kargheit und Abgeschiedenheit erkauft, bestehen im Lungau zahlreiche sakrale Objekte aus früherer Zeit. Als Beispiele: Filialkirche **St. Gertrauden**, im Weiler St. Gertrauden, Mauterndorf. Das Alter der Kirche (1140) ist nicht erwiesen, sie entstand möglicherweise früher als die Kirche in Mauterndorf. Die einschiffige romanische Kirche mit eingezogenem Chor und Apsis hat im Langhaus eine flache Holzdecke vom Anfang des 16. Jh.s, deren Balkenfugen mit in gotische Verzierungen auslaufende Leisten verkleidet sind und eine bemalte Empore mit kassettierter Unterseite, die 1513 entstand. Zwei in ursprünglicher Fassung erhaltene Renaissancealtäre, Anfang 17. Jh., und der barocke Hochaltar (Nischenaltar), 1755, sind Teile der wertvollen Einrichtung. Dem Friedhof ist ein eigener ummauerter Friedhof der unschuldigen (ungetauften) Kinder, der einzige in Salzburg, angeschlossen. Der romanische Bau der erst 1613 genannten Filialkirche **St. Ruprecht** im Kirchweiler St. Ruprecht in Weißpriach ist möglicherweise aus einer Burgkapelle der Herren von Weißpriach entstanden. Das einschiffige, romanische Langhaus (barockisiert) enthält Reste einer Gesamtausstattung mit romanischen Wandmalereien, die am Beginn und Mitte des 13. Jh.s entstanden

Pfarrkirche Mariapfarr, Georgskapelle, gotische Wandmalerei, Drachenkampf des hl. Georg, um 1430.

ist, einen aus römischen Marmorplatten bestehenden Altar und eine Ausstattung mit vom Anfang des 16. bis Mitte des 18. Jh.s stammenden Einrichtungsteilen, Bildern und Figuren. Die Pfarrkirche in **St. Michael**, 1147 genannt, entstand auf romanischen Mauern durch früh- und spätgotische Umbauten (vor 1513) und wurde ab 1617 barockisiert. Wandmalereien an der südlichen Chorwand (Mitte 13. Jh., Ende 14. Jh.) und an der südlichen Langhauswand (15. u. 17. Jh., Höllenstrafen). Im Außenmauerwerk ein römisches Grabmedaillon. Die nahegelegene Filialkirche **St. Martin**, 1179 urkundlich, vom Friedhof umgeben, wurde in romanischen und gotischen Bauphasen errichtet. Besonderheiten sind die um 1400 gemalten Fresken an der nördlichen Außenwand und der Martinsaltar, ein spätgotischer, aus dem 16. Jh. stammender Flügelaltar. Der Turm trägt ein römisches Büstenrelief. Die **Pfarr- u. Wallfahrtskirche Mariapfarr** ist ein 1446 in der Form einer dreischiffigen gotischen Basilika über romanischen Vorgängern errichteter, von Friedhof und Mauern umgebener Bau. Die Pfarre ist seit 1231 urkundlich. Nach einem Brand (Kirche, Pfarrhof, 28 weitere Gebäude) entstanden neugotische Bau- und Einrichtungsteile. Hochaltar (1897) mit wesentlichen Teilen eines spätgotischen Flügelaltars (um 1500), barockes Inventar meist aus der ersten Hälfte des 18. Jh.s. Besonderheiten sind die Wandmalereien: spätromanisch (um 1220) im Chorturm; gotisch im Chor (1360) und in der Georgskapelle (um 1430). Die von einer Befestigung umgebene **Wallfahrtskirche St. Leonhard** in Tamsweg, eine der schönsten gotischen Landkirchen im süddeutschen Raum, entstand 1421–33 als einschiffiger, spätgotischer, netzrippengewölbter Bau mit zweigeschossiger Westempore. Teile der spätgotischen Ausstattung sind Plastiken, Tafelbilder, Chorgestühl, Reliefs, Fresken, und die zahlreichen, Mitte des 15. Jh.s in Salzburger und Wiener Werkstätten entstandenen Glasfenster. Von diesen Glasgemälden ist vor allem das aus abgestuft goldgelbem und blauem Glas gefertigte „Goldfenster" kunstgeschichtlich von großem Wert. Der barocke Hochaltar und die Seitenaltäre wurden in der zweiten Hälfte des 17. Jh.s aufgestellt und enthalten Teile der gotischen Vorgänger. In St. Leonhard befinden sich viele im 18. Jh. entstandene Werke der Salzburger Malerfamilie Lederwasch. Bis zur Einschränkung des Wallfahrtswesens im 18. Jh. war St. Leonhard eines der drei beliebtesten Wallfahrtsziele Österreichs.

Museen und Sammlungen.

Hochofenanlage Bundschuh-Thomatal. Erzgewinnung im Tal des Bundschuhbachs ist ab dem 16. Jh. bezeugt. Die heute sichtbaren Anlagen wurden im 19. Jh. errichtet. Sie gehörten der „Lungauer Eisengewerkschaft" des Grafen Welsberg, der sie 1839 verkaufte. Der Betrieb erreichte um die Mitte des 19. Jh.s seine größte Prosperität, das Eisenerz wurde vom nahen Abbau mit Fuhrwerken zum Hochofen gebracht. Der bestehende Hochofen wurde 1862 aufgebaut. Die Produktion verringerte sich ab 1879 und mußte 1885 eingestellt werden, da das Werk durch seinen Standort nicht mehr konkurrenzfähig war. Heute bilden Hochofen und Gebläsehaus das Museum Bundschuh, zu welchem noch ein verfallener Kohlebarren und eine Erzröstanlage gehören. Das **Lungauer Landschaftsmuseum Burg Mauterndorf** informiert in einem naturkundlichen und einem dem Brauchtum gewidmeten Teil über Landschaft, Menschen, Flora und Fauna. Bäuerliche Hausformen, Gegenstände aus der bäuerlichen Arbeitswelt (Sauschneidergewerbe), eine Trachtensammlung und eine Mineralien-, Jagd- und Trophäensammlung bilden Schwerpunkte des Museumsguts. Der **Denkmalhof Maurerhaus** im Gemeindegebiet Zederhaus ist ein typischer, Lungauer Einhof, dessen Chronik bis 1509 lückenlos dokumentiert ist. Der Hof mit seiner Einrichtung, bäuerliche Arbeitsgeräte, Werkzeuge der Sauschneider, Schwellenhacker und Seilerer, Troadkasten, Mühle und Stampfe geben ein umfassendes Bild von Wohnkultur und bäuerlichem Leben in der Vergangenheit. Das **Lungauer Heimatmuseum Tamsweg**, im von Lungauer Gewerken im Mittelalter erbauten „Barbara-Spital" eingerichtet, zeigt Möbel, Gebrauchs- und Einrichtungsgegenstände aus bäuerlichem, bürgerlichem und kirchlichem Umfeld, landwirtschaftliche Geräte und Funde aus der Römerzeit. Es will durch das Ausstellungsgut auch verdeutlichen, wie sehr die durch die Tauern gegebene Abgrenzung die Entwicklung unterschiedlicher Kulturkreise in der vorindustriellen Zeit stimuliert hat. **Handweberei in Sauerfeld.** Die Vorfahren der heutigen Besitzerin kamen 1875 nach Tamsweg. Nach Jahren der „Stöhr" wurde das damalige „alte Weberhaus" bezogen, 1924 mit der Kunstweberei nach über dreihundert Jahre alten, überlieferten Mustern begonnen. Heute verfügt der Handwerksbetrieb über fünf Webstühle und erzeugt Fleckerlteppiche, Tischdecken, Möbelstoffe, Bauernleinen und Bauernraß.

Besonderheiten.

Durch die abgeschiedene Lage blieben auch Brauchtum und Tracht besonders bewahrt. Als Beispiele: **Prangstangen** in **Zederhaus** und **Muhr**. Am 24. Juni, zu St. Johannis, werden im Rahmen eines festlichen Umgangs Prangstangen durch den Ort getragen und danach in der Kirche an den Betbänken zu beiden Seiten des Mittelganges aufgestellt. Hier bleiben sie bis 24. September (St. Ruperti). Die Prangstangen bestehen aus einer bis zu sieben Meter langen Holzstange, die mit Girlanden aus abertausenden frischen Feldblumen in individuellen Mustern und Färbungen umwunden sind. Sie werden bei der Prozession von den ledigen Männern (ohne Alimentationsverpflichtungen) getragen, deren Leistung darin besteht, die bis zu 80 Kilogramm schweren Stangen unversehrt in die Kirche einzubringen. Die im gesamten Lungau und auch im benachbarten steirischen Krakaudorf und Murau üblichen **Samsonumzüge** sind Relikte großer, vor allem im Barock inszenierter Fronleichnamsumzüge, bei welchen man Gestalten aus der biblischen Geschichte, Sagen- und Heldenfiguren mitführte. Die symbolischen Riesengestalten leiten sich wahrscheinlich von bei kultischen Flurumgängen mitgetragenen, viel älteren mythischen Figuren ab. Die theatralischen Schauprozessionen wurden Ende des 18. Jh.s abgeschafft, ihre Ausstattung an symbolhaften Figuren wurde aber, gelöst von kirchlichen Feiern, an anderen Tagen und aus anderen festlichen Anlässen weiter herumgetragen. Der älteste Riese Samson ist seit 1635 in Tamsweg belegt. Samson (und sein großköpfiges, zwergwüchsiges Begleiterpaar) „tanzte" früher an den Prangstagen, heute finden während des Sommers Umzüge auch an den jeweiligen Ort betreffenden Festtagen statt. Die Samsongestalten sind bis zu sechs Meter hoch, wiegen etwa 80 Kilo und werden von einem in ihrem Inneren verborgenen Mann getragen. Beim **Preberschießen** (Scheibenschießen am Prebersee, am letzten Augustwochenende) wird auf einen Punkt der auf dem Wasser gespiegelten Schießscheibe gezielt. Das vom Wasser abprallende Geschoß soll die Scheibe am Ufer treffen. Eine Besonderheit des Lungaus war das damalige Beruf entwickelte Kastrieren von Vieh und Haustieren. Die Lungauer „**Sauschneider**" waren im 18. Jh. durch kaiserliches Patent berechtigt, in den habsburgischen Ländern und auch im Ausland diese Tätigkeit auszuüben. 246 Meister und etwa 100 Gehilfen waren tätig.

Blick vom Mönchsberg bei der Bürgerwehr über den Sigmundsplatz auf die Altstadt westlich des Doms.

Blick vom Schloß Mirabell über das Parterre des Mirabellgartens, Domkirche und Festung Hohensalzburg.

Mönchsberg (Festungsberg), Festung Hohensalzburg von Süden, Freifläche beim „Henkerhäusl", Nonntal.

Schloßpark Hellbrunn, Wasserparterre, Blick über den Ziergarten und den Karpfenteich zum Schloß.

1, 2, 7–17, 19

Stadtlandschaften.

Der Weg von der Rom des Nordens genannten Residenzstadt der Salzburger Erzbischöfe zur heutigen Fremdenverkehrsmetropole war in der ersten Hälfte des der Säkularisation folgenden Jahrhunderts durch den politischen und ökonomischen Niedergang bestimmt. Aus den Relikten der vergangenen, glorreichen Zeiten erstand aber ein unschätzbares Kapital für die Zukunft. Heute ist es kaum vorstellbar, daß es für diesen Edelstein unter den Städten schwer war, seinen alten Glanz und seine Aura wiederzuerhalten. Die einmalig glücklichen topographischen und geographischen Gegebenheiten der Stadt glichen die in der ersten Hälfte des 19. Jh.s bestehenden Nachteile aus, über Mozart, Mozartkugeln, Salzburger Nockerl, Festspiele, Jedermann, kunstliebhabende Kirchen- und Festspielbesucher, mondäne Festspielbesucher, Prominenz- und Touristenauftrieb, ein fast vollständiges Altstadtensemble und das prachtvolle Ambiente führte der Weg zum strahlenden Gesamtkunstwerk der heutigen Erlebnis-, Kultur- und Festspielstadt. Salzburg ist durch seine drei aus dem Salzburger Becken ragenden Stadtberge (Inselberge), den Mönchsberg mit dem Festungsberg, den Rainberg und den Kapuzinerberg, gegliedert. Das historische Zentrum der Stadt entstand in einer **links der Salzach** liegenden Einbuchtung am Fuß des Mönchsbergs, an einer zwischen diesem und dem Kapuzinerberg gebildeten Engstelle. Der im Mittelalter ummauerte kirchen-

Blick vom Mönchsberg bei Mülln (Monika-Pforte) über die Salzach und den Elisabethkai zum Kapuzinerberg.

fürstliche Stadtkern reichte vom Kloster Nonnberg am Abhang des Festungsbergs bis zum Bürgerspital, in ihm liegen in großzügiger Raumentfaltung der Plätze die eigene Bezirke bildenden Monumentalbauten des Doms, der Abtei St. Peter, des Residenz-Neugebäudes, der Residenz und des Franziskanerklosters und der Alten Universität mit der Kollegienkirche. Die mittelalterliche Bürgerstadt, dicht und mit engen Gassezügen verbaut, entstand zum Salzachufer hin anschließend und ist in der Anlage der Häuserzeilen der Getreidegasse, des Kranzlmarkts, Alten Markts, der Juden-, Brod- und Goldgasse und des Waagplatzes gut zu erkennen. Die kompakte Bebauung des östlich anschließenden, an den Festungsberg heranreichenden Kaiviertels ist durch einige geistliche Monumentalbauten (z.B. Chiemseehof) aufgelockert. Von vielen Punkten der Hausberge eröffnen sich prachtvolle Ansichten auf die Innenstadt links und rechts der Salzach. Der Mönchsberg, schon nach der Mitte des 13. Jh.s an einer östlich liegenden Einschnürung durch die Bürgerwehr befestigt, wurde ab 1628 (Paris Lodron) auf seinem gesamten Höhenrücken mit Wehrbauten versehen und diese in die Verteidigungslinien der Stadt integriert. Wesentliche Teile sind das Schartentor und die „Katze" genannte, zur Stadt gerichtete Bastei (beide 1635); die Richterhöhe; die Bürgerwehr und die Monikapforte oberhalb der Pfarrkirche Mülln. Der Fahrweg von Mülln auf den Berg entstand im Jahr 1895. Die mittelalterliche Stadt **rechts der Salzach**, deren Bebauung meist dem Bestand des 16. Jh.s entspricht, liegt um den westlichen Fuß des Kapuzinerbergs, umschloß den damaligen Brückenkopf, folgte in dichten Häuserzeilen den wichtigen Verkehrswegen der Linzer und Steingasse und war Ende des 13. Jh.s ummauert. Die vor allem unter Paris Lodron 1629–32 gebauten Befestigungen des Kapuzinerbergs sind großteils erhalten. Der im inneren Bereich zwischen mittelalterlicher Enge und barocker Großzügigkeit oszillierende Charme der Stadt wird vor allem durch in den Regulierungsbereichen entlang der Salzach und auf dem Boden der ehemaligen Fortifikationen im Norden entstandene gründerzeitliche Bebauung mit neuzeitlichen Facetten bereichert. Obwohl als Abglanz absoluter geistlicher und weltlicher Macht in einer Art unnahbarer Schönheit hinterlassen, ist die Stadt nicht nur zur Festspielzeit eine großartige Kulisse für die verschiedensten Schauspiele heutiger Lebenslust und Daseinsfreude.

3–6, 42–50, 55–57

Die Festung Hohensalzburg.

Die älteste Vorgängerin der Stadtbild und Umland beherrschenden, auf einem steilen Felskegel gelegenen Festung wurde während des Investiturstreits 1077 durch Erzbischof Gebhard als zentrale, landesfürstliche Burg des Erzstifts Salzburg errichtet und unter dem papsttreuen Erzbischof Konrad I. zu einer starken Anlage (romanischer Palas, „Hoher Stock") ausgebaut. Sie ist die größte im 11. Jh. erbaute Burganlage Europas. In der zweiten Hälfte des 15. Jh.s an Ringmauer und Palas verändert, erhielt die Burg unter Leonhard von Keutschach zwischen 1494 und 1519 ihre heutige, spätgotische Gestalt und Ausstattung. Des Erzbischofs Wappen, die Rübe, ist allerorten präsent. Die Festung erhielt mit Wohntürmen, Küche, Speisehaus, Schüttkasten, Zisternen, Ställen, Zeughaus, Pulverturm, Pfisterei (Bäckerei), Schmiede, Büchsenmacherei, Schulhaus und Kirche alles, um autark zu sein. Um 1630 entstanden nur noch die der neuen Kriegstechnik entsprechenden, auf dem Mönchsberg vorgelagerten Wehrbauten und die Kuenburgbastei (1681). Die Festung wurde nur einmal (1525 vergeblich) belagert. Das baulich vom Großen Burghof abgegrenzte Innere Schloß, der „Hohe Stock", enthält in den „Fürstenzimmern" die für Erzbischof Leonhard errichteten, prachtvollen, originalen, spätgotischen Wohnräume (Großer Saal, Goldene Stube, Schlafzimmer und Bibliotheksraum) mit Marmorportalen, die Türen bekrönendem vergoldeten Maßwerk, vertäfelten, mit ornamentalen vergoldeten Schnitzereien verzierten, blau, rot und grün bemalten Wänden und kassettierten, bemalten, mit Schnitzerei und goldenen Knöpfen auf blauen Grund verzierten hölzernen Decken. Die Goldene Stube enthält den schönsten Majolikaofen Österreichs (Salzburger Hafnerarbeit). Hohensalzburg ist seit 1803 ärarischer Besitz. Die Burg dient mit den historischen Räumen des Hohen Stocks dem Burgmuseum (mittelalterliche Kunst, Waffen, Musik- und Folterinstrumente – Schandmasken u.a.), dem Rainer-Regimentsmuseum (Erster Weltkrieg) und dem Marionettenmuseum als Ausstellungsort; der Große Saal ist Schauplatz der Festungskonzerte. Wie die Burg ist auch der „Salzburger Stier", ein Hornwerk mit Handbetrieb, die älteste Freiorgel Österreichs, eine Einmaligkeit. Erzbischof Leonhard hat sie 1502 einbauen lassen, um der Stadtbevölkerung durch ihr Getöse den gottgefälligen Tagesablauf einzubleuen. Der „Stier" ertönt noch heute.

39–41, 58–85

Profane Prachtbauten.

Die heute das Stadtbild prägenden barocken Monumentalbauten Salzburgs entstanden zuerst durch italienische Baumeister, deren architektonischer Kanon deutlich spürbar ist, später durch J. B. Fischer v. Erlach und J. L. v. Hildebrandt im Stil des österreichischen Barock. Sie verewigten sich neben S. Solari in den großen Schlössern und in den im 17.–18. Jh. gebauten Kirchen. Adels- und Beamtenfamilien ließen kleinere Landsitze und -Schlösser im Bereich der Hellbrunner Allee und um den Kapuzinerberg errichten. Stadtpaläis hatten in Salzburg nur die Familien Lodron, Kuenburg und Lamberg. Beispiele für Schlösser: **Schloß Hellbrunn**, als manieristisches frühbarockes Lustschloß mit großen, den Hellbrunner Berg einschließenden Parkanlagen, Wasserspielen, Grotten, Skulpturen und Steinernem Theater von S. Solari (Dom) für Erzbischof Markus Sittikus 1613–15 erbaut. Im Gartenparterre um 1730 verändert, englischer Garten vom Ende des 18. Jh.s. Festsaal und Musikzimmer (Oktogon) der „Fürstenzimmer" im Schloß wurden um 1615 vollständig mit illusionistischer Malerei ausgestattet. Der Tiergarten Hellbrunn entstand aus einem schon 1424 erwähnten Hirschpark. **Schloß Mirabell** ist ein von Erzbischof Wolf Dietrich für seine Lebensgefährtin Salome Alt 1606 noch außerhalb der Stadtgrenze errichteter Landsitz. In den 20er Jahren des 18. Jh.s durch J. L. v. Hildebrandt zu einer barocken Schloßanlage umgebaut, nach 1818

Leopoldskroner Teich und Schloß Leopoldskron; Richterhöhe und Hohensalzburg (links und rechts hinten).

Bildteil Seiten 167 bis 196 · Stadt Salzburg

Robinigschlössl, um 1750 für den Kaufmann J. Robinig umgebauter Landsitz, Rokokofassade, Schallmoos.

Domkirche, Blick von der Orgelempore über das Hauptschiff zu Vierung (Kuppelraum) und Chor.

Erhardkirche, Kuppel des 1689 in Form eines griechischen Kreuzes errichteten, barocken Zentralbaus.

Benediktinerinnenabtei Nonnberg, Teil aus einem Mitte des 12. Jh.s gemalten romanischen Freskenzyklus.

2, 18, 86–89, 94, 100–113

Salzburger Kirchen.

Salzburg hat an die 60 Kirchen. In der inneren Stadt entstanden die meisten in ihrer heutigen Form ab Ende des 16. Jh.s. Außer der Franziskanerkirche und der Bürgerspitalkirche blieben kaum gotische Bauten erhalten. Als Beispiele: Die freistehende, von drei großen Plätzen (Residenz-, Dom- und Kapitelplatz) umgebene, frühbarocke **Domkirche** entstand nach Brand und Abtragung des Vorgängerbaus zuerst als von Wolf Dietrich geplantes (1601; 1606/07 V. Scamozzi) und 1611 begonnenes Vorhaben, danach als ein nach Entwürfen S. Solaris von Markus Sittikus verwirklichter Monumentalbau. Der Dom wurde 1628 geweiht, die Türme 1655 vollendet. Der erste Vorgängerbau an dieser Stelle war unter Bischof Virgil um 760 entstanden, ein 1167 errichteter spätromanischer Dom mit zwei Türmen (der größte nördlich der Alpen) blieb, obwohl durch Dombrände beschädigt, bis Ende des 16. Jh.s bestehen. Der große helle Kirchenraum mit dreischiffigem Langhaus, Querschiff und mächtiger Kuppel über der Vierung mit halbrund endenden Kreuzarme (Kleeblattform), im Gewölbe reich und plastisch ausgeformt stuckiert, beeindruckt durch seine vornehme und einheitliche Ausgestaltung aus dem 17. Jh. (romanisches Taufbecken, 12. und 13. Jh. vom alten Dom). Die Domkirche ist durch die von G. A. Dario entworfenen Dombögen mit der Residenz und dem Stift St. Peter verbunden. Die **Franziskanerkirche**, wurde an der Stelle einer seit dem 8. Jh. bestehenden Kirche Anfang des 13. Jh.s errichtet und 1223 geweiht. Sie war während des Dombaus Bischofskirche, ab 1592 Kirche der Franziskaner und mit deren Kloster über einen Schwibbogen verbunden. Der an das spätromanische Langhaus anschließende großartige, netzrippengewölbte Hallenchor entstand 1408. Der barocke Hochaltar wurde von J. B. Fischer v. Erlach entworfen und 1710 aufgestellt. Das romanische Südportal wurde vor 1200 gebaut. Die **Bürgerspitalkirche**, um 1330 errichtet, ist die älteste gotische Hallenkirche des Landes. Nach den Regeln der Bettelorden turmlos, hat diese Spitalkirche eine weit in den dreischiffigen Kirchenraum ragende Westempore (Betchor der Pfründner), deren größerer Teil als „gotischer Saal" vom Sakralraum abgetrennt ist. Eine Besonderheit ist der freistehende Sakramentsschrein (1460/65). Die 1669–1707 errichtete **Kollegienkirche**, eine längsgestreckte Kreuzkuppelkirche, ist eine der bedeutendsten Barockkirchen und das Salzburger Hauptwerk J. B. Fischers v. Erlach. Ihre zwischen flankierenden Türmen vorgewölbte Fassade wurde Vorbild für viele Kirchenbauten der Zeit. Die Freskierung (M. Rottmayr) wurde nicht realisiert. Die weiße Stuckgloriole in der Apsis (Fischers Entwurf) ist ein von den Stukkateuren D. F. Carlone und P. d'Allio ausgeführtes Meisterwerk. Die **Ursulinen(Markus)kirche** wurde 1699–1705 nach Plänen J. B. Fischers gebaut. Im mit einer Flachkuppel abgeschlossenen zentralen Kirchenraum sind Altäre, Kanzel und Orgelempore nach seinen Entwürfen entstanden. Die **Kajetanerkirche** mit Kloster wurde 1685–1700 als regelmäßige barocke Anlage mit palastartiger Schauseite von G. G. Zuccalli erbaut und im querovalen, überkuppelten Kirchenraum von Paul Troger ausgemalt. Die **Dreifaltigkeitskirche**, in der Altstadt rechts der Salzach, eine Klosterkirche mit anschließenden Konviktsgebäuden, ist der erste Salzburger Kirchenbau J. B. Fischers und hat einen zentralen, längsovalen, überkuppelten Kirchenraum (Fresko Rottmayr). Die **Müllner Pfarrkirche**, architektonischer Akzent am nordwestlichen Mönchsberg, ist im spätgotischen Saalraum durch Seitenkapellen (17. Jh.) und durch Stuckierung und spätbarocke Einrichtung im 18. Jh. eine der schönsten Kirchen Salzburgs geworden. Das **Kapuzinerkloster** und die Kirche am Kapuzinerberg entstanden 1599–1602 entsprechend dem Armutsideal des Ordens in schmuckloser Form unter Einbeziehung eines die Altstadt schützenden Wehrbaus.

Kollegienkirche, barocke Kuppelkirche von J. B. Fischer v. Erlach, 1707, nordorientierte Schauseite.

außer in Hof- und Gartenfassade, Treppenhaus und Marmorsaal klassizistisch erneuert. **Schloß Leopoldskron** ist ein von Pater B. Stuart um 1740 im Park am Nordrand des Leopoldskroner Weihers für Erzbischof Firmian erbautes Rokokoschloß. Im späteren 18. Jh. klassizistisch verändert, verwahrlost 1918 durch Max Reinhardt erworben und revitalisiert. **Schloß Kleßheim** ist ein 1700–09 für Erzbischof Thun durch J. B. Fischer v. Erlach in einem großen, nicht erhaltenen barocken Park mit Stilelementen des italienischen Manierismus errichtetes Lustschloß. Die **Residenz** der Salzburger Erzbischöfe entstand ab Ende des 16. Jh.s (Wolf Dietrich) an der Stelle eines im 12. Jh. errichteten, später veränderten, mittelalterlichen Bischofshofs. Der heutige, drei Höfe einschließende Palastbezirk war nach 200 Jahren Bau- und Umbauzeit Ende des 18. Jh.s fertig. 1710 erhielt der Residenzplatztrakt durch J. L. v. Hildebrandt eine neue Fassade, unter seiner Leitung wurden 1709–1711 die „Prunkräume", die Repräsentations- und Wohnräume der Erzbischöfe neu ausgestattet (Malerei J. M. Rottmayr, M. Altomonte). Als letzter Umbau entstand 1793 der „Toskanatrakt" in klassizistischem Stil (durch Colloredo). Das **Residenz-Neugebäude** ist eine um 1600 von Wolf Dietrich dem Residenzhof gegenüberliegend als Gästehaus (oder Residenz) erbaute, 1670/80 erweiterte Palastanlage und enthält im „piano nobile" besonders prachtvoll ausgestattete erzbischöfliche Prunk- und Galaräume mit einmaligem bunten figuralen und ornamentalen Stuckdekor (1602). Das Alte (Kleine) und das Neue (Große) **Festspielhaus**, entstanden aus den während des 17. Jh.s am Fuß der Mönchsbergwand errichteten Stallungen und der Winter- auf Sommer-/Felsenreitschule des ehemaligen Hofmarstalls, im 19. Jh. und zuletzt durch von C. Holzmeister geplante und 1926, 1937, 1960 und 1969 beendete Umbauten. Das 1925 gebaute, 1926 von Holzmeister umgestaltete Kleine Festspielhaus wurde 1962–63 durch die Architekten Hofmann und Engels verändert. Die **Hofmarstallschwemme**, durch J. B. Fischer v. Erlach in Verbindung mit der Fassade des Hofmarstalls 1695 entstanden (1732 verändert), ihr Gegenstück, die 1723 statt des in Platzmitte bestehenden „Roßtümpels" gebaute **Kapitelschwemme** am Rand des Kapitelplatzes und der 1661 fertiggestellte **Residenzbrunnen** in der Mitte des zwischen den Residenzen liegenden Platzes sind von Wasser belebte Baudenkmäler des fürstlichen Stadtbezirks.

8, 86, 90–93, 95, 96, 98, 122, 125, 139

Erzabtei St. Peter und Stift Nonnberg.

Die Benediktiner-Erzabtei St. Peter, vom hl. Rupert Ende des 7.Jh.s gegründet, ist eines der ältesten Klöster nördlich der Alpen. Es war Zentrum des Bistums und der im 8. Jh. unter Abt-Bischof Virgil bis Westungarn reichenden Missionstätigkeit. 987 wurden Abtei und Bistum getrennt, 1110 das Areal des heutigen Klosters den Mönchen übergeben, 1125–47 die bestehende Klosterkirche gebaut. Die den Klosterbezirk bildenden Stiftsgebäude haben eine tausendjährige Baugeschichte und sind ab dem 17. Jh. und im 18. Jh. durch die Barockisierung von Kirche und Gebäuden (1753–85) in die heutige Form gebracht worden. Die dreischiffige Stiftskirche wurde im Innenraum vollständig mit Rokokostuck, Gewölbemalereien und Wandbildern neu ausgestaltet. Zum Stiftsbezirk gehören der Stiftshof (Brunnen 1673), der Konventhof (Brunnenhaus 13. Jh.), der Petersfriedhof („Katakomben", Gruftarkaden), der Mühlenhof und das Collegium Benedictinum (1924–26), die **Benediktinerinnen-Abtei Nonnberg**, eine Gründung Ruperts, besteht seit 713/15 und ist das älteste Frauenkloster im deutschsprachigen Raum. Die heutige, zwischen 1423–1507 über dem romanischen Grundriß entstandene, dreischiffige, spätgotische, netzrippengewölbte Klosterkirche mit Krypta und in Stockhöhe gelegenem Nonnenchor enthält in einem romanischen Bauteil Fresken aus der Mitte des 12. Jh.s. Die Klostergebäude entstanden vom 13. bis zum 19. Jh.

Stiftskirche Nonnberg, romanische, um 1200 entstandene Teile im gotischen Aufbau des Kirchenportals.

Markt am Universitätsplatz und Ritzerbogen, seit 1626 Durchgang in Richtung Alter Markt und Residenzplatz.

Hagenauerplatz, Getreidegasse, Mozarts Geburtshaus, Museum in der ehemaligen Wohnung im dritten Stock.

Wohnhaus der Familie Mozart (W. A. Mozart von 1773–80), Altstadt rechts der Salzach, Makartplatz.

Mit Buchenholz befeuerter Backofen, Bäckerei (ehem. Pfisterei) der Abtei St. Peter, Mühlenhof, Kapitelplatz.

16, 20–39, 128, 135

51–54, 114–124, 126, 127

129, 137

Häuser, Gassen und Plätze.

In der Altstadt **am linken Ufer der Salzach**: Die **Getreidegasse**, vom Rathaus zum Bürgerspital führende Hauptstraße der alten Bürgerstadt, hat die für eine mittelalterliche Gasse typische Bebauung auf schmalen tiefgreifenden Parzellen (möglichst viele Bürgerhäuser sollten eine Front zur Straße haben), mit zahlreichen, über Arkadenhöfe führenden Durchgängen zu ihren, den Universitäts- (den ehemaligen Frauengarten) und Sigmundsplatz säumenden Hinterhäusern. Die meist fünfgeschossigen Gebäude haben eine spätmittelalterliche oder aus dem 16. Jh. stammende Bausubstanz und beziehen in ihrer zur Salzach gelegenen Häuserreihe die ehemalige Stadtmauer mit ein. Der **Kranzlmarkt** zwischen Rathausplatz und Altem Markt und die **Judengasse**, östliche Fortsetzungen der Getreidegasse zum Waagplatz, folgen in ihrer mittelalterlichen Bebauung zur Salzach hin wie die Getreidegasse der Stadtmauer und haben deshalb am heutigen Rudolfskai besonders hohe Gebäudefronten. Die Goldgasse, Brodgasse und das Döllerergäßchen östlich des Alten Markts sind in ihrer besonderen Enge Inkarnationen des mittelalterlichen Stadtbilds. Die Erdgeschose der Häuser in diesen heute Geschäftszeilen bildenden Altstadtgassen wurden im 20. Jh. den touristischen Erfordernissen entsprechend ausgebaut. Der **Alte Markt** ist in seiner heutigen Gestalt im Spätmittelalter durch teilweise Verbauung eines im 13. Jh. angelegten Marktplatzes entstanden. Sein intimer Charakter wird durch die ihn an drei Seiten umschließenden, bis zu sechs Geschosse deckenden, feingliedrigen, aus dem 18. und 19. Jh. stammenden Putzfassaden der Bürgerhäuser und den seit 1488 bestehenden Marktbrunnen (Florianibrunnen) verstärkt. Das **Rathaus** am Kranzlmarkt entstand 1618 durch den Umbau eines 1407 von der Stadt erworbenen Hauses und wurde 1772 in der heute sichtbaren Form fassadiert. Der **Mozartplatz**, östlich an den Residenz- und Waagplatz anschließend, entstand auf dem von Wolf Dietrich für einen (nicht ausgeführten) Erweiterungsbau des Residenz-Neugebäudes vorgesehenen Gelände (Mozartdenkmal 1842). Die **Kaigasse**, zwischen Mozart- und Kajetanerplatz, ist der wesentlichste Straßenzug der Bürgerstadt östlich des Dombezirks, aus mehreren mittelalterlichen Gassenzügen winkelig zusammengesetzt und wurde ab dem 12. Jh. verbaut. In der Altstadt **rechts der Salzach**: Die **Linzer Gasse**, ehemaliger Hauptstraßenzug der rechtsufrigen Altstadt, hat im inneren Bereich noch größtenteils ihre vom Mittelalter und aus dem 16. Jh. stammende, an der rechten Seite mit Hinterhäusern an den Felsen des Kapuzinerbergs heranreichende Bebauung. Die meist einfachen (auch biedermeierlichen) Fassaden entstanden während des 19. Jh.s, außerhalb des 1894 abgetragenen Linzer Tors wurden die Häuser Ende des 19. Jh.s in späthistoristischen Formen errichtet. Eine Besonderheit ist das innerhalb der alten Stadtgrenze liegende Ensemble der Sebastianskirche und des 1511 von Wolf Dietrich im Stil italienischer Friedhofsanlagen gestalteten Sebastiansfriedhofs. Dort ließ sich der Erzbischof Ende des 16. Jh.s ein ungewöhnliches, mit farbigen Salzburger Keramikfliesen ausgekleidetes Mausoleum errichten. Das **Platzl**, an der Gabelung der Steingasse-Linzer Gasse, war ab 1598 der Brückenkopf der rechtsufrigen Altstadt. Die auf schmalem Terrain zwischen dem Steilabfall des Kapuzinerbergs und der Salzach nach Osten führende **Steingasse** hat fast ausschließlich mittelalterlichen Hausbestand (15.–16. Jh.). Ihre Enge wird durch kleine Ausweitungen an den zur Salzach führenden Durchgängen und beim Inneren Steintor, das die Stadt Ende des 13. Jh.s begrenzte, gemildert. Die lange, gewundene Gasse war der Hauptverkehrsweg nach Süden; außerhalb des Steintors haben einige an der rechten Gassenseite liegende ehemalige Weißgerberhäuser der Salzach zugewandte, hohe, durch Arkaden geöffnete Hinterseiten.

Museen und Sammlungen.

Als Beispiele: Zum 1834 gegründeten **Salzburger Museum Carolino Augusteum**, Stadt- und Landesmuseum, mit von der Urzeit bis in die Gegenwart reichenden Beständen, gehören neben den im Haupthaus gezeigten Sammlungen: die umfassende Sammlung alter und neuer Spielsachen des **Spielzeugmuseums** im um 1560 an der Mönchsbergwand erbauten, einen der schönsten Renaissance-Arkadenhöfe Österreichs einschließenden, 1898 aufgelassenen Bürgerspital, das **Volkskundemuseum** im Hellbrunner „Monatsschlössl", das **Burgmuseum** auf der Festung Hohensalzburg und das **Domgrabungsmuseum** unter der Nordkonche des Doms. Das **Dommuseum** (mit Kunst und Wunderkammer) im rechten Teil der Dombögen präsentiert Gegenstand des Domschatzes (Rupertuskreuz, 8. Jh.) und der im 17. Jh. gegründeten erzbischöflichen Kunst- und Wunderkammer, Schaustücke naturwissenschaftlicher und technischer „Wunder" und Abnormitäten. Die **Residenzgalerie** präsentiert Gemälde des 16. und 17. Jh.s, die der Teil von Hieronymus Colloredo aus erzbischöflichem Besitz zu Ausstellungszwecken zusammengestellten, aber nach der Säkularisierung im 19. Jh. zerstreuten (nach Wien gebrachten) Bilder sind. Auch die österreichische Malerei der Romantik, des Biedermeier und die Salonmalerei vom Ende des 19. Jh.s bildet einen Schwerpunkt der Sammlung. Das **Barockmuseum** in der Orangerie des Mirabellgartens präsentiert vor allem eine Sammlung von Entwürfen und Ölskizzen (bozzetti) zu barocker Fresken- und Ölmalerei, die Bestandteil des Vertrags zwischen Auftraggeber und Künstler waren, wie auch europäische Malerei und Plastik der Zeit. Das **Rupertinum** ist eine im Gebäude des „Collegium Rupertinum" (1653) bestehende, moderne Galerie und Sammlung österreichischer graphischer Kunst seit 1900 (auch Photographie). Der Bestand umfaßt neben dem druckgraphischen Werk Oskar Kokoschkas über 7000 Graphiken der Klassischen Moderne. Das **Haus der Natur**, im ehemaligen Ursulinenkloster, ist wegen seines außergewöhnlichen Konzepts (Erlebnispark) eines der originellsten und wichtigsten Naturkundemuseen Europas. In den dem Genius der Stadt gewidmeten Gedenkstätten, **Mozarts Geburtshaus**, ehemalige Wohnung der Familie Mozart im Haus Getreidegasse 9, und **Mozarts Wohnhaus**, die spätere Wohnung am Makartplatz, sind persönliche Erinnerungsstücke an ihn und seine Familie ausgestellt.

Besonderheiten.

Als Beispiele: Die **Stieglbrauerei** hat eine 1492 in der Gstättengasse beginnende Tradition. Dieser alte Standort wurde aufgegeben und 1863 neue Anlagen in Riedenburg-Maxglan errichtet. 1875 zerstörte ein Brand die Gebäude, die folgenden Neubauten, die 1875 entstandene Mälzerei und das in den 90er Jahren des 19. Jh.s errichtete Maschinen- und Sudhaus, bilden den historischen Bestand der Brauerei. Seit 1995 ist in diesen Räumen die in Europa einmalige Ausstellung „Stiegl's Brauwelt" eingerichtet. Der **Almkanal**, von der Abtei St. Peter und vom Domkapitel zur Wasserversorgung gebaut, führt durch den 1136–43 errichteten, 370 m langen Mönchsbergstollen („St.-Peter-Arm") von Nonntal in die Altstadt. Im 14. Jh. wurde der Berg auch beim Neutor mit einem Stollen (ca. 250 m lang, „Städtischer Arm") durchbrochen. Der ca. 14 km lange Kanal wird seit 1286 aus der Königseeache (Alm) bei Grödig gespeist, versorgte Mühlen, Brunnen und Schwemmen der Altstadt und ist noch in Betrieb. Die **Mozartkugel** ist eine Kreation des Salzburger Konditors Paul Fürst aus dem Jahr 1890. Die weltbekannte Praline (von Nougat umhüllter Kern aus grünen Pistazien, in dunkle Kuvertüre getunkt) wird nach der alten Rezeptur von seinen Nachfahren handwerklich erzeugt. Die „Original Salzburger Mozartkugel" ist eine eigenständige Spezialität, wenn auch ihre Bekanntheit durch Millionen industriell erzeugter Imitate entstanden ist.

Ehemaliges Rehlingen-Stadtpalais oder Andretter-Haus, 16.–18. Jh., barocke Kapellenfassade im 2. Hof.

Erster Mönchsbergstollen des Almkanals, in der Bruchlinie zwischen dem Mönch- und Festungsberg, 1143.

ERGÄNZENDE HINWEISE

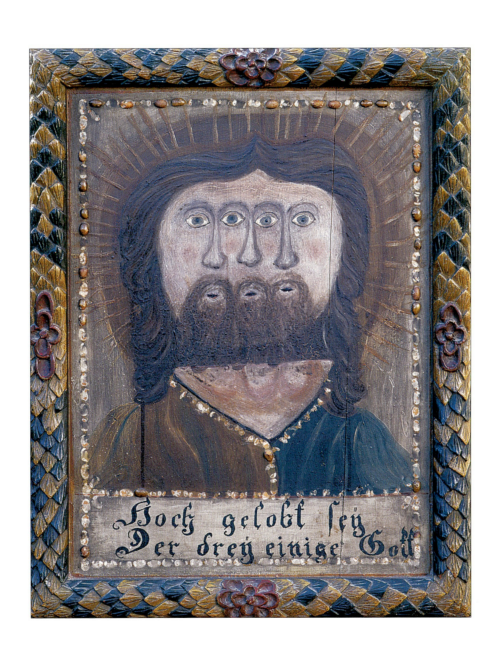

Hinweise

Schutzumschlag
Blick über die Stadt Salzburg zu den Salzburger Kalkalpen (von links): Tennengebirge, Hagengebirge und Hoher Göll.

Vor- und Nachsatz
Lungau. Blick über Mariapfarr und den Mitterberg zu den Nockbergen, zum Katschberg, zur Hafnergruppe und zum Speiereck.

Zwischentitel Seite 7
Theseus und Minotaurus, Fußbodenmosaik aus Marmor- und Kalksteinchen, gesamt 410 x 420 cm, aus einer römischen Villa auf den Loiger Feldern bei Salzburg. 4. Jh. n. Chr.

Zwischentitel Seite 197
Der Brand von Oberndorf bei Salzburg am 1. April 1757, Votivbild, Wallfahrtskirche Maria Bühel. Über 100 Gebäude wurden vernichtet.

Zwischentitel Seite 215
Abbildung der Heiligen Dreifaltigkeit als dreigesichtiges Wesen, wie sie in den bäuerlichen Regionen der Alpen bis über das Ende des 18. Jh. vorkam. Diese Veranschaulichung der Trinität war schon im 15. Jh. als der christlichen Auffassung nicht gemäß bezeichnet worden und auch die Darstellung durch drei gleichgebildete Männer wurde 1745 vom Papst untersagt. Hotel Post, Mauterndorf.

Die in diesem Werk genannten statistischen Daten stammen aus dem Statistischen Jahrbuch für die Republik Österreich, Ausgabe 1999/2000, herausgegeben vom Österreichischen Statistischen Zentralamt, erschienen im Dezember 1999, aus der Schriftenreihe des Landespressebüros, Salzburg Informationen, Nr. 118, Daten und Fakten Bundesland Salzburg, Ausgabe 1999 und aus bei einzelnen Institutionen eingeholten Auskünften oder bei diesen erhältlichem Informationsmaterial.

Dank und Anerkennung schulde ich allen Personen und Institutionen, die meine Arbeit durch ihre freundliche Hilfe ermöglicht, erleichtert oder begünstigt haben.

Die Nachahmung von Bildideen, Bildinhalten, Photostandpunkten und Bildzusammenstellungen sowie charakteristischer photographischer oder gestalterischer Eigentümlichkeiten zu kommerziellen Zwecken verstößt gegen das Urheberrecht.

Bildquellenverzeichnis
Angeführt sind Bilder, die nicht vom Autor des Werks stammen.

Photographien im historischen Teil

Haus-, Hof- und Staatsarchiv, Wien
Seite 8, oben, vierte Spalte.
Internationale Stiftung Mozarteum
Seite 13, oben, erste Spalte.
Kunsthistorisches Museum, Wien
Seite 7.
Oskar Anrather, Salzburg
Seite 8, oben, erste und dritte Spalte.
Seite 11, oben, erste Spalte.
Bildarchiv der Österr. Nationalbibliothek
Seite 8, unten, zweite und vierte Spalte.
Seite 10, oben, erste Spalte.

Photographien im Bildteil

Eisriesenwelt GesmbH, Michael Gruber
Seite 135, Bild 99.

Photographien im Informationsteil

Salzburger Museum Carolino Augusteum
Seiten 205 und 208, unten, erste Spalte.
Seite 211, oben, vierte Spalte.

In gleicher Ausstattung sind erschienen: in der Edition Hausner, Wien

Ernst Hausner
„Burgenland"
172 Seiten, 606 Farbbilder, 1990. Vergriffen.

Ernst Hausner
„Steiermark"
121 Seiten, 791 Farbbilder, 1992.

Ernst Hausner
„Oberösterreich"
206 Seiten, 753 Farbbilder, 1995.

Ernst Hausner
„Das Pathologisch-Anatomische Bundesmuseum im Narrenturm des Alten Allgemeinen Krankenhauses in Wien"
120 Seiten, 231 Farbbilder, 1998.

Ernst Hausner
„Das kaiserliche Schloß Schönbrunn"
120 Seiten, 333 Farbbilder, 2000.

im Pichler Verlag (Jugend u. Volk), Wien

Ernst Hausner
„Niederösterreich"
206 Seiten, 743 Farbbilder, 1989.

Ernst Hausner
„Wien, Spaziergänge d. eine schöne Stadt"
120 Seiten, 444 Farbbilder, 1993.

Ernst Hausner
„Wien, Spazierg. d. e. unbekannte Stadt"
120 Seiten 363 Farbbilder, 1994.

Ernst Hausner
„Österreich"
252 Seiten, 842 Farbbilder, 1997.

Ernst Hausner
„Wien"
308 Seiten, 1000 Farbbilder, 2000.

Literaturverzeichnis
Auswahl, nach Titeln alphabetisch geordnet

Winfrid Jerney
Alte Salzburger Bauernhöfe
Steiger Verlag, Berwang/Tirol 1987.

Wolfgang Milan, Günther Schickhofer
Bauernhäuser in Österreich
Leopold Stocker Verlag, Graz 1992.

Friederike Zaisberger, Walter Schlegel
Burgen und Schlösser in Salzburg
Birken-Reihe, Verlag Niederösterreichisches Pressehaus, St. Pölten-Wien 1992.

Amt der Salzburger Landesregierung, Schriftenreihe des Landespressebüros
Daten & Fakten Bundesland Salzburg
Salzburg Informationen No. 118.
Land Salzburg, 1999.

B. Euler, R. Gobiet, H. R. Huber, R. Juffinger
Die Kunstdenkmäler Österreichs, Salzburg Stadt und Land, Dehio-Handbuch
Verlag Anton Schroll & Co, Wien 1986.

Domkapitel zu Salzburg Hgb.
Festschrift 1200 Jahre Erzbistum Salzburg
Salzburg 1998.

Amt der Salzburger Landesregierung
Fürsterzbischof Wolf Dietrich von Raitenau
Katalog zur 4. Salzburger Landesausstellung,
Landesregierung, Kulturabteilung, 1984.

Georg Schreiber
Geschichte Österreichs
Österreichischer Bundesverlag, Wien 1986.

Erich Zöllner
Geschichte Österreichs
Von den Anfängen bis zur Gegenwart
Verlag für Geschichte und Politik, Wien 1984.

Heinz Dopsch, Robert Hoffmann
Geschichte der Stadt Salzburg
Verlag Anton Pustet, Salzburg-München 1996.

Friederike Zaisberger
Geschichte Salzburgs
Verlag für Geschichte und Politik Wien
R. Oldenbourg Verlag München, Wien 1998.

Karl Lechner (Herausgeber)
Handbuch der histor. Stätten, Österreich Alpenländer und Südtirol.
Zweiter Bd. A. Kröner Verlag, Stuttgart 1978.

Roland Floimair Hgb., M. Fischer,
Ch. Diringer, R. Höllbacher, F. Lorber
Historische Wirtschaftsarchitektur in Salzburg
Verlag Anton Pustet, Salzburg-München 1997.

Franz Martin (und R. R. Heinisch)
Kleine Landesgeschichte von Salzburg
Verlag der Salzburger Druckerei, 1979.

Wolfram Morath Hgb.,
Lore Telsnig, Karl Ehrenfellner u. a.
Kronland Salzburg
Historische Photographien aus der Sammlung des Museums Carolino Augusteum,
Begleitband zur Sonderausstellung, 2000.

Werner Thuswalder, Gerhard Bluhm
Naturdenkmäler im Land Salzburg
Verlag Alfred Winter, Salzburg 1985.

Edeltraud und Othmar Danesch
Naturwunder Österreich
Lizenzausgabe
Manfred Pawlak Verlagsgesellschaft mbH,
Herrsching 1985.

Edeltraud und Othmar Danesch
Österreich ein Land der Seen
Karl Müller Verlag, Erlangen 1980.

Walter Kleindl
Österreich
Daten zur Geschichte und Kultur
Sonderausgabe, Wien 1985.

Pert Peternell Hgb.
Heinz Dopsch, Robert Hoffmann
Salzburg Chronik
Verlag Das Bergland-Buch, Salzburg 1984.

Josef Brettenthaler
Salzburgs SynChronik
Verlag Alfred Winter, Salzburg 1987.

Amt der Salzburger Landesregierung
St. Peter in Salzburg
Katalog zur 3. Salzburger Landesausstellung
Landesregierung, Kulturabteilung, 1982.

Otto H. Urban
Wegweiser in d. Urgeschichte Österreichs
Österreichischer Bundesverlag, Wien 1989.

Verschiedene andere spezielle Publikationen und Kataloge, lokale Führer und kleinere Informationsschriften.